資産はこの 黄金株 で殖やしなさい！ **2023-2024**

日本株大復活

史上最大のインフレ大相場がやって来る

投資家・ストラテジスト

菅下清廣

Kiyohiro Sugashita

実務教育出版

はじめに

　本書を手にとっていただいた読者のみなさんに、まず御礼申し上げます。

　この本を読まれるすべてのみなさんが、来たる資産インフレ相場の波に乗って、豊かな生活を手に入れられることを願ってやみません。

　若い世代なら、

目指せ！　FIRE（Financial Independence, Retire Early）です。「ぜひとも経済的自立を勝ち取っていただきたい」と祈るような気持ちでいます。

　まず読者のみなさんにお伝えしたいのは、そういう私の気持ち、思いです。

　10年にわたり運営を続けている有料情報会員制クラブ「スガシタボイス」の会員には、2023年の年初から、これまで以下のような予想を伝えてきました。

「2023年の1〜3月は日本株の底値圏となる。第2四半期の4月以降、新たな株高の足音が聞こえてくるはず」

　すると私の予想通り、4月に入って日本株は上昇開始。この原稿を書いている5月中旬の日経平均株価は、ついに3万円の大台を奪回して、2021年9月14日の高値（天井）3万795円をも突破しました。コロナバブルが弾けて低迷を続けてきた日本株が、

いよいよ高値奪回、空前の上昇相場に向けて動きはじめた

ことを波動からうかがい知ることができます。

　私は近い将来、1989年のバブルの天井である3万8915円を奪回する、突破すると思っています。そしてその後、日経平均株価は8万円を目指すことになるかもしれません。その根拠については本文でご確認ください。

　株高時代到来の背景として、2023年は世界と日本に大変化が起こります。そのポイントは4つです。

その1、緊張緩和の時代から米中対立という新たな冷戦構造が生まれようとしている。

その2、長らく続いたデフレ、低金利、ゼロ金利の時代から、インフレ、金利上昇の時代へ変わろうとしている。

その3、短期、中期、長期、超長期の4つの景気循環（サイクル）がすべて上昇期に入るという「ゴールデンサイクル」（2023〜2025年）の波に乗って株高の時代がやって来ている（日経平均株価はバブル最高値3万8915円に向かって上昇する）。

その4、金融、マネー、通貨の常識が大きく変わろうとしている。法定通貨の円、ユーロ、米ドルなどの価値は長期的に下落し、人々はヘッジのために株や不動産、金（ゴールド）、仮想通貨など資産価値のあるものを求めて投資をする。

　以上の大きな変化がまさに今、世界を席捲しようとしているのです。

　では投資家がこうした環境下で勝ち抜くために、株式投資では何をテーマにしたらよいのでしょうか。

　これからの投資テーマは、

・資産インフレ関連

・高配当好業績関連

・DX、デジタル関連

の3点にしぼられます。

すでにこれらの銘柄で株価が上昇中のものが多数出てきているのです。

本書は、こうした見通しと具体的な投資テーマにのっとって、今回はじめて、50の個別銘柄の日足、週足チャートを掲載しています。そして読者のみなさんに、

波動・サイクルをもとに投資をする

手法についてわかりやすく解説しています。

ボラティリティ（変動幅）の小さい大型株から、IPO、新興成長株というボラティリティの大きい株価の波動・サイクルをどう読むか。

どのタイミングで買い、いつ売るか？

誰にとっても簡単ではありません。

しかしこの本を読んで株価の波動の基本や定石を知るだけで今までと違った好成績が生まれるはずです。株価の典型的な天井型や底入れ型、「ウリ」の急所や「押し目カイ」のタイミングなども、チャートを見て知ることができるようになります。

ぜひ活用してみてくだい。

＊編集部注　本書を参考した投資のいかなる結果についても、著者および弊社は責任を負うことはできません。投資は自己責任でお願いいたします。また本文中、原則として敬称を略させていただきました。ご了承ください。

目次

第 1 章

格差社会＆株高時代に勝つ
株式投資のすすめ
ゼロから富をつくるチャンスの到来

第2章
史上最大の資産インフレ相場がやって来る
株高の時代に備えよ

第 **3** 章

爆騰する日本株３つのシナリオ
政局、インフレ、円安、そして日柄

第**4**章

2023-2024
至極の黄金株50選
日足(短期)と週足(長期)で学ぶ
チャートレッスン

第 1 章

格差社会＆株高時代に勝つ
株式投資のすすめ

───

ゼロから富をつくるチャンスの到来

日経平均、節目の3万円突破

　2023年4月に入って、日経平均は2万9000円台から3万円台をうかがう強さを見せ、5月17日には、2021年9月の高値（天井）である3万794円を突破しました。

　なぜ日本株は強い動きを見せはじめたのでしょうか。

　一言でいうなら、1991年のバブル崩壊以降、30年以上続いてきたデフレが終わり、インフレの時代がはじまろうとしているからです。いや、すでに、**驚くような資産インフレが読者のみなさんの身近に起こっています。**

　野村総合研究所による2022年の概況調査レポートでは、

「ここ数年、日本の富裕層が増加している」

　という予想外のデータ（2021年集計）が公表されました。これは日本の世帯ごとの純金融資産保有額（金融資産の総額から借入金などの負債を差し引いた額）と資産規模を推計したデータです。

　富裕層と超富裕層を合わせた世帯数は約148万世帯（富裕層約139万世帯、超富裕層約9万世帯）で、野村総研が集計をはじめた2005年以来、最多だった2019年の132万世帯からさらに10万世帯以上も増加したことになります。

　なぜ日本の富裕層は増えているのか。

　原因ははっきりしています。**局地的な資産インフレが進んでいる**からです。

　大都市、とくに東京の高級マンションの価格は上昇し続けています。そのため資産価値の高い不動産、あるいは株式を保有している人が資産を殖やしている。つまり、

資産インフレがすでに起こっている

のです。ただし、全国津々浦々で資産インフレが起こっているわけではありません。ポイントはここです。

日本株の底上げがはじまった！

　海運株（日本郵船、商船三井、川崎汽船など）や商社株（三菱商事、三井物産など）、銀行株（三菱UFJ、みずほフィナンシャルグループなど）を長く保有していた人たちは資産が飛躍的に増加しています。海運大手3社の株価は、この数年で何倍にもなりました。

　日本株の底上げがついに現実のものとなってきました。底上げ開始のインフレ相場がはじまっているのです。

　ではこの"底上げ開始"相場の出発点はどこか。

　それは3年前の2020年3月に起こったコロナショック。

　FRB（アメリカ連邦準備理事会）、ECB（欧州中央銀行）、そして日本銀行が足並み揃えて大規模な金融緩和政策を実行したため、市場に溢れた資金は投機マネーとなってあらゆる資産投資へと流れ込みました。資産インフレへのはじまりです。

中でも過去最大の経済対策を打ち出したアメリカは、その波及効果、副作用も大きく、アメリカ経済は猛烈なインフレに直面しています。

　2020年からはじまったコロナによる緊急事態の経済政策の継続が、

それぞれの国で資産インフレを助長

させていることは否めません。その結果、

資産を持てる者と持たざる者の差がさらに拡大

しているのです。

　貧困層と富裕層との格差拡大、貧富の差がさらに鮮明になってきました。

　2020〜2023年の3年あまり、現金を銀行や郵便局に預けたまま、あるいはタンス預金をしたままだった人々は、ほとんど資産は増えていないでしょう。むしろ目減りしているはず。しかしアセット（有価証券などの金融資産）を持っていた人は、お金持ちになっているのです。

コロナ禍以降も増えている富裕層

　野村證券の最新のレポートでは、富裕層とは、グロス（負債も含めた資産の総額）ではなく、ネット（純資産）で1億円以上5億円未満の金融資産を持つ人、と定義しています。

　そして超富裕層とは、ネットの金融資産が5億円以上ある人で

す。

実はこの超富裕層の世帯数がコロナ禍以降増えている

という事実がある。

　一般的には驚きの現象かもしれませんが、私はこれまでの著作や講演で、また私が管理運営している音声配信サービス「スガシタボイス」の会員さんには何度も予告して来た通りの出来事が現実になってきたのです。

　しかも富裕層、超富裕層とも資産はコロナ禍で減るどころか、むしろ増えている。

　つまり彼らの保有していた株式などの資産価値が大きく上昇したのです。

　そしてこの間投資をして資産運用していた富裕層の候補である準富裕層が、富裕層に格上げ。同様に富裕層だった人々の一部は超富裕層にステージアップした結果と推察できます。

どんどん拡大し続ける格差

　2019年から2021年にかけての純金融資産保有額は、富裕層では9.7%、超富裕層では8.2%増加、総額は333 〜 364兆円にも上ります。

　30年という長きにわたり日本はデフレ経済に苦しみ、今なお完全にはデフレから脱却できていない状況ですが、この間に経済的格差はどんどん広がったのです。

OECD（経済協力開発機構）の統計では、日本の富裕層の世帯数が増加していることは明らかですが、世界水準から見ればまだそれほどではない。

日本の富裕層の数は先進7ヵ国の中でもそれほど多くはありません。富裕層が日本のGDPに占める割合はおよそ17%。日本国民の全金融資産の中で、富裕層が占める資産の総額は約16%〜17%ですが、アメリカやG7などの先進国では、最上位を占めるたった1%ほどの超富裕層の資産総額が、全体の約4割を占めるようなところもあります。

欧米先進国では、それほど富の格差、経済的格差が拡がっているのです。

日本の超富裕層の占める割合はまだアメリカの水準の3分の1程度。しかし、

これから日本でもアメリカ並みに格差が広がっていく

ことは間違いないと思います。なぜなら、

日本も確実にインフレに向かっているから

です。

この数年で見れば、投資をしていた人としていない人の差はまだ大きく開いていないかもしれませんが、これからはもうそれではすまないでしょう。この点をまず第一に力説しておかなければなりません。

日本の未来は
先行するアメリカを見れば明らか

　現在より格差が拡がれば取り返すことのできない、取り戻すことのできない生活レベルの低下を招くことになりかねません。強烈な金融と資産の格差は、短期的には 2023 年からの 3 年間、長期的にはこれから 5 〜 10 年間で大きく拡大すると予測できます。

　アメリカではすでにお金持ちと貧乏人のボーダーラインが明確に線引きされています。

　貧困から成り上がって勝ち組に残れる確率、アメリカンドリームをまだ夢見ることができる可能性は極めて低くなっています。プロのスポーツ選手やアーティスト、俳優など、夢のようなチャンスと運に恵まれたひと握りの人しか成功できない、そんな現実にすでに直面しています。

　そうしたプロセスでしか成功も富も得ることはできない。

　それほど格差は拡がっている。

　幸運にも日本はまだそこまでは行っていません。お金持ちになれるチャンスはまだ残されている。

これからの 3 年間が重要な節目になる

ことは間違いありません。

2023 年から 2025 年までの約 3 年間が、資産形成のラストチャンス

になるかもしれない。

　なぜなら、

この３年間で格差が致命的に拡がる

恐れがあるからです。

家を持つことなど夢のまた夢になる!?

何もしなければ、これからの３年間、長く見ても５年の間に、

私たちの社会に取り返しのつかない格差が拡がる

と予見できる。そうなれば自分の家を持つことさえ夢となるでしょう。持ち家など一生不可能になるかもしれない。給与所得だけでは生活は逼迫するだけ。日本のサラリーマンの大多数を占める中小企業の賃金は上がらず、しかも物価は上昇し続けている。資源、エネルギー、食品だけでなく、多品目、ほぼ全品目が物価上昇しています。

これからはさらにあらゆる日常品、食品、生活必需品が軒並み値上がりしていくでしょう。家計を圧迫し続ける。その上さらに家賃が上がれば、家にすら住めなくなるかもしれません。

アメリカの低所得者の一部は家に住むことすらできなくなっています。トレーラーを住居にする人たちが増えている。家ではなく車両で生活しているのです。

アメリカ、そして中南米の現実

第1章

　何年も続く不景気、失業、治安悪化で自国を見限り、アメリカに不法移民する人々が絶えない中南米では、事態はさらに深刻です。

　貧困層の若者たちをマフィアなどが吸収、社会不安はますます増大。景気が悪く、仕事がなく、まともな生活ができないため、麻薬密売、誘拐などの悪事に若者たちが手を染めています。社会不安の増大、不安定化の拡大が、中南米やアフリカ諸国では驚くほどのスピードで増大している。それが中南米からアメリカ、アフリカからヨーロッパへの難民の増大となって表れています。

　これに比べれば日本はまだ大丈夫。以前ほどではありませんが、中産階級層もまだ一定の層が残っています。

　外国の事例を見れば一目瞭然ですが、

　社会不安は、中産階級が非常に少ない国で起こっている

という事実を注視しなければなりません。

　社会不安が増大すれば、格差はますます拡がり、それが負のスパイラルとなってあらゆる領域へと連鎖していくでしょう。

　ウクライナ侵攻を続けるロシアも、国内を見ればプーチン大統領とその側近、ごく限られた政権上層部だけが富を独占している。一極集中型の独裁資本主義になっているのです。

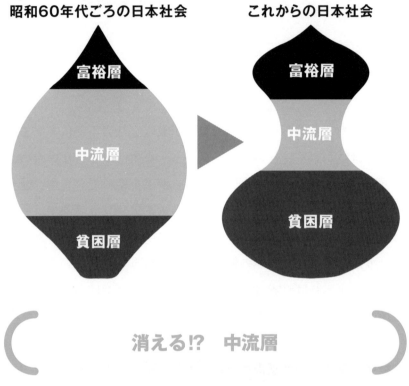

拡大する日本の格差社会（『悠久の軍略』参考図）

昭和60年代ごろの日本社会　これからの日本社会

富裕層　中流層　貧困層

富裕層　中流層　貧困層

消える⁉　中流層

　年月日を基に運命を占う中国発祥の算命学を、私は時々、世の中の大局の流れを読むうえで参考にしています。

　この算命学関連の書物で名著とされるのが高尾義政の『悠久の軍略』。この本では、

「昭和60年ごろまでは、まだ日本にも巨大な中階級層、中間層があった」

「アメリカでは中間層が激減している。いずれ近い将来、日本でも同様な現象が起こる」

　と指摘。

また社会の人口構成は、ごく一部の富裕層と、膨大な数の貧困層とに分かれ、中間に位置するはずの中間層、中流階級がどんどん減少していく、と予測。

今まさにその通りになっています。

つまり中間層が次々と貧困層へと脱落している。

そして貧困層が巨大化し、それに比例して中間層が激減していく。その結果、恐ろしい経済的格差社会が生まれていく。日本は現在進行系でその方向へ向かっています。

アメリカでトレーラーに住む人々は、1日3食の食事をフードスタンプ（低所得者に対して行なわれる食料費支援政策。スーパーマーケットなどで使用できる最大月100ドル相当の金券）でしのぎ、教会で食事をもらうなどして生活しています。

フードスタンプの受給世帯は、いまや2000万世帯に迫る勢いです（2018年は1940万世帯。約3900万人が利用）。

（注）フードスタンプ……アメリカ農務省の栄養補充支援制度（SNAP）のことで、低所得者向けの食料支援制度。日本円で10兆円近い予算規模。3億3000万人の人口の12％がSNAPを受給しているとされる。

富める側に残るために、しなければならないこと

現在、そしてこれから迎える次の新時代に備えて、我々は何をしなければならないのか。そして何をしてはいけないのでしょうか。

生活に困らない、不自由なく暮らすためにはどう生活防衛すればよいのか。この点が最重要ポイントです。富裕層にはなれなくても、少しでも富めるグループの側に残りたい、誰もがそう思うでしょう。本書の読者のみなさんも、関心のひとつはそこにあると思います。

　資産形成においていちばんポピュラーなのは株式投資や不動産投資でしょう。金（ゴールド）への投資という選択肢もある。上級レベルの投資家ならば暗号資産（仮想通貨）という手もあるでしょう。

　いろいろな選択肢がありますが、次の時代を生き抜くためには、

お金全般に対する教養、リテラシーの向上

が何よりも大切になります。

　当然、世界情勢や未来に対する大局観も必要ですが、それも

「How to live wealthy（いかにして裕福に暮らすか）」

という視点をもつことが大前提です。

　日々の生活に苦しむ状況では、世界情勢の先行きどころではありません。

日本が本格的な格差社会に突入する

ことはもはや避けられません。お金持ちと貧しい人の差が一層明確になる。

　アメリカではすでに住所を聞いただけで、その人の経済的レベルがわかってしまう状況が生まれています。同じニューヨークのマンハッタンでも、住む場所によって経済的格差が明らかになっているのです。私がアメリカで仕事をしていた頃と比べても信じ

られないレベルです。人々は好むと好まざるとにかかわらずその格差を肌で感じているでしょう。

『年収は「住むところ」で決まる』（エンリコ・モレッティ　プレジデント社）という本が日米でベストセラーになっているのが実に象徴的です。職業、労働、賃金のあらゆる分野でこれまでのやり方、習慣、プライオリティ（優先順位）が通用しなくなっている。

2023 年は世界と日本のパラダイムシフトがいっそう鮮明になる

年として歴史に刻まれることになるかもしれません。

歴史が教えているある事実

1868 年（明治元年）、日本は旧幕府軍と新政府軍の戦い、つまり鳥羽・伏見の戦いを皮切りに戊辰戦争がはじまり、内戦状態に突入します。その後、江戸城無血開城、長岡城の戦い、会津の戦い、最後の箱館戦争（五稜郭の戦い、1869 年 5 月に終結）を経て、戊辰戦争はようやく終結。これによって明治新政府が日本を中央集権国家として統一しました。

大政奉還、王政復古からはじまって版籍奉還、廃藩置県、四民平等、解放令など、各種の制度改革が怒涛の如く施行されました。激動の時代の幕開けでした。そして明治元年よりちょうど**77 年**目の 1945 年に、終戦を迎えます。

023

明治政府の誕生は、260年余続いた徳川幕府が倒れた歴史の転換点です。

　尊王攘夷を掲げた倒幕の旗振り役の薩長同盟が、徳川幕府を倒して新政権に就きました。明治の新政府とはつまり薩長の連合政府でもありました。

　薩長による明治政府は、富国強兵、殖産興業を掲げて、日清戦争、日露戦争、第一次世界大戦と大きな戦争で連続勝利。しかし勝利で傲慢になったのか、その後世界情勢をことごとく見誤まって、国際連盟脱退で孤立。ドイツ、イタリアと三国軍事同盟を結ぶも、最後は原爆投下で無条件降伏という歴史的悲劇を迎えたのです。

　これは株でいえばまさに**額面割れ**。会社なら精算を余儀なくされるような場面といってよいかもしれません。

77年というサイクルが暗示する これからの日本

　その額面割れの状態（1945年）から77年後といえば、2022年です。

　整理すると、

明治維新から77年後が第二次世界大戦終結。

その77年後が、世界を揺るがせたコロナ禍終焉となる2022年。

2023年は、

次の77年へと向かう最初の年

ということになるのです。

歴史サイクルの大きな転換点、77年周期のまさに出発点が2023年ということになります。

77年サイクルをさらに詳しく調べてみると、明治政府誕生から太平洋戦争までの77年の前半（約40年間）は、大日本帝国憲法発布、工業化の進展、日清戦争、日露戦争の勝利、日英同盟締結、八幡製鉄所操業開始など、日本が発展していく僥倖ともいうべき出来事が次々に起こりました。いわば**上昇期**でした。

ところが後半の約30年間は、米騒動、シベリア出兵、関東大震災、満州事変、二・二六事件、国際連盟脱退、日中戦争など**下降期**を迎えて、最後が無条件降伏という屈辱的な結末を迎えたのです。

終戦から2022年までの77年間は、どうでしょうか。

これも前半は日本国憲法の公布、独立回復のサンフランシスコ平和条約、国際連合加盟、小笠原諸島の日本復帰、沖縄の日本復帰、日中交正常化と、国の勃興期ともいうべき出来事が連続しました。日本がゼロから立ち上がって廃墟から見事に復活、未曾有の高度経済成長を遂げるのです。

ジャパン・アズ・ナンバーワン。

アメリカの社会学者エズラ・ヴォーゲルがその著書『ジャパン・アズ・ナンバーワン』で、経済の大発展を遂げた日本的経営を高

77年サイクル(1868年～1945年)の主な事件、史実

年	主な事件、史実
1868年	・年号が明治と改まる ・江戸を東京と改称 ・新政府の役職は薩摩、長州、土佐、肥前の倒幕に貢献した4藩の出身者が独占(藩閥政治)
1869年	・土地、人民を朝廷に返させる版籍奉還決定
1871年	・岩倉使節団出発
1872年	・新橋と横浜の間に鉄道開通
1874年	・台湾出兵
1877年	・西南戦争
1881年	・国会開設の勅諭
1885年	・内閣制度できる
1889年	・大日本帝国憲法発布
1890年	・第1回帝国議会開かれる
1894年	・日清戦争
1901年	・八幡製鉄所操業

1902年	・日英同盟
1904年	・日露戦争
1911年	・関税の自主権を回復
1914年	・第一次世界大戦に参戦
1920年	・常任理事国として国際連盟に加盟
1923年	・関東大震災
1931年	・満州事変
1933年	・国際連盟を脱退
1936年	・二-二六事件
1937年	・日中戦争
1941年	・日ソ中立条約 ・太平洋戦争
1945年	・広島、長崎に原子爆弾 ・ソ連が対日参戦 ・ポツダム宣言受諾

く評価し、この本は世界的な大ベストセラーとなりました。

　こうして日本が黄金期を迎えた前半の約40年間でしたが、後半の30年はどうでしょうか。

　日米貿易摩擦問題、消費税の導入、バブル崩壊、阪神・淡路大震災、東日本大震災など国の衰退を印象づける出来事が相次いで起こり、「失われた30年」というデフレ社会、低賃金、景気後退、半導体などの世界的競争からの脱落など、雪崩を打ったように下降線をたどっています。

　そして世界を激変させたコロナ禍という77年の最期の大転換を経た2023年、

いよいよデフレが終わりを迎えてインフレ時代

に向かおうとしているのです。明治維新から第二次世界大戦終焉までの77年間、そして終戦から2022年までの77年間サイクルを見れば、2023年からはじまる77年間の

前半約40年は上昇期、後半約30年は下降期

と予測することができるでしょう。

　このサイクルの77年後は2100年。21世紀の幕開けです。歴史にならえば何かとてつもない大きな出来事が起こるのかもしれません。

　それが何かは今はわかりませんが、第三次世界大戦勃発か、ロシア・中国連合軍とアメリカの戦いか、世界の支配者が交代＝アメリカの崩壊が起こるのかもしれません。いまは単なる想像でしかありませんが、いずれにせよそういう大きな事態が起こり得るでしょう。

2023年は令和維新の幕開け

第1章

2022年に終わった77年サイクル。

相場世界から見ると、2020年にはじまったコロナ禍が底を打ったのが2022年です。

日本も世界も景気の底、株価の底を打った年。2023年からは新たな77年サイクルがはじまり、スタート元年である2023年は、「令和維新」とも呼ぶべき年になるのかもしれません。

ここから上昇し、夏前、あるいは夏以降本格的な上昇期に入る。それが、過去77年サイクルから見た私の大局観です。

新型コロナウイルスが日本を席巻しはじめた2020年3月19日、日経平均は1万6358円をつけて相場は大底。その後、株価は上昇。

約1年後の2021年の2月、そして9月に株価は天井をつけてダブルトップ。そこから下げはじめて2022年3月に当面の底入れとなるも、底値圏での下落調整が続いて2022年にようやく本格的に底入れ。そして2023年4月、新たな株高がはじまったというのが大まかな株価のサイクルです（30〜31ページ参照）。

私は2020年3月、コロナショックの大底から3年後の2023年3月までには株価は底入れするだろうと予想していました。株価には2年半〜3年という時間のサイクルがあるからです。より具体的にいえば、

2022年6月〜2023年3月あたりまでに、相場の転換点

相場の転換期を迎えた日経平均株価

2022年ダブルボトムで上昇トレンド

ダブルトップ

2021年2月
天井

上昇トレンド

2020年3月(コロナショック)
大底

35,000
(円)
34,000
33,000
32,000
31,000
30,000
29,000
28,000
27,000
26,000
25,000
24,000
23,000
22,000
21,000
20,000
19,000
18,000
17,000
16,000
15,000

0

1月　　　　6月　　　　1月　　　　6月
2020年　　　　　　2021年

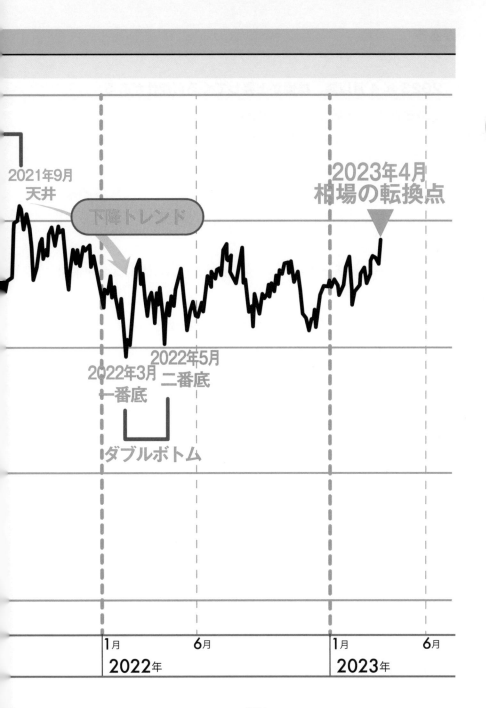

2021年9月
天井

下降トレンド

2023年4月
相場の転換点

2022年5月
二番底

2022年3月
一番底

ダブルボトム

1月
2022年

6月

1月
2023年

6月

第
1
章

がある

と見ていた。そして、

2023 年 4 月以降、株価が上昇してくる可能性がある

と波動論から予測していたのです。

起こっていた大きな予兆

　株式市場が転換点に近づくと、ほぼ必ずといってよいほど予兆が起こります。

　相場に限った話ではなく、歴史を学べば必ずといっていいほど大きな出来事、時代の転換点となる予兆がイベントの前に起きています。

　では現在の相場の動きの中で、予兆となるものは何だったのか。それは、

2022 年 10 月に起こった急激な円安（ドル高）

です。

　2021 年末 115 円だった為替が、30％も円安に進んだ。

150 円台という円安

になった。

　150 円超は 1990 年以来 **32 年ぶり**の安値。間違いなく大転換の予兆です。これまでとまったく違うことが起きたからです。私は、

何かある。必ず何か起きる

と考えました。

それまで長く円高基調であったのに、32年ぶりに150円台をつけたのです。

一般の投資家は、この予兆を見逃しがちです。ただ「すごい円安になった」と思うくらいで、株価や円ドル相場大転換の予兆だと察知できる人は少数でしょう。それがプロとアマの違いということかもしれません。

私はこの予兆によって、ひとつの出来事として、

2023年4月以降は新しい株高の足音が聞こえてくるかもしれない

とスガシタボイスで会員のみなさんに伝えていました。超円安は脱・デフレのサインだからです。波動論からもそれは裏づけられた。

2020年3月の底から数えて、2023年3月はちょうど3年目。日柄で、

大回り3年

の年でもあります。

大回り3年で底入れとなれば、早ければ4月以降、株価は3万円台の高値をつけるかもしれない、そこに向かって動くのではないかと予測できました。

円安が呼び込んだ高配当

150円という円安で、相場では実際何が起こったでしょうか。
円安で大儲けした企業群が登場してきたのです。

海運、鉄鋼、商社

などです。

低迷していたこれらの歴史ある企業の株価が2023年1月から軒並み上がった。4月現在、ひと相場終わった感もありますが、私は早い段階から、

「海運、とくに大手3社は驚異的な好業績、当分この好業績は続くでしょう」

とスガシタボイスで配信していました。2024年3月期は前年度比減収減益予想が出ていますが、これまでは超好業績、超高配当でしたから、そこから減速しているだけで、好業績は続いています。

海運3社の配当利回りは15％近辺でした。2023年3月、日本郵船は1株160円、商船三井は260円、川崎汽船は300円でした。普通の会社ならせいぜい数十円の配当レベルの時に、その10倍規模になった。3月は3社とも株価3000円台。300万円で1000株購入すると、配当が30万円（20％の配当課税あり）でした。

300万円をどこに預けていても30万円ももらえる配当、利息はありません。

このような好業績、高配当はなぜ起きたのか。そして私がなぜ海運の株を買い、利益を得ることができたのか。

それは紛れもなく2022年10月の1ドル150円という円安を、

何かが起きる予兆

と見たからです。

「こんな円安になれば、必ず儲かる企業が出てくる」

　今回ほど高配当にはならないかもしれませんが、川崎汽船は「2023年9月配当も200円出す」と宣言。平時では考えられない高配当です。

アベノミクスは間違っていなかった!?

　4月8日、10年ぶりに誕生した日銀の植田和夫新総裁は、物価目標2%を達成するまで、大規模金融緩和を継続、黒田東彦前総裁の政策を引き継ぐことをアナウンスしました。このことはつまり、現時点で、アベノミクスは間違っていなかったという植田総裁の宣言でもあります。

　第二次安倍政権（2012年12月〜2020年9月）は、デフレ脱却のための大胆な金融緩和、機動性のある財政出動、民間投資を喚起した成長戦略という3本柱の経済戦略アベノミクスを掲げ、それに呼応して実際株価は上がってきました。日経平均、TOPIX、マザーズ指数、すべて2倍以上上昇したのです（円は対ドル、対ユーロで円安）。この間、雇用も増え、企業業績回復。

　私はアベノミクスは大きく成果を上げたと評価しています。た

だ黒田前総裁は、10年の在任期間でも目標とする物価目標2％を達成できませんでした。

黒田前総裁は退任時、

「経済、物価の押し上げに効果が現れ、デフレではなくなった」

と自らの任期中の施策を総括しましたが、それは植田新総裁も十分わかっていることです。

インフレによって、日本の金利は最低でも1％以上になる時代が近づきつつあります。この点も我々は投資判断、銘柄選びの参考にしなくてはなりません。

77年サイクルの前半で巻き返す日本の技術

日本が再び世界トップクラスの技術大国になるためには、先に触れた「77年サイクル」衰退の後半期で大きな遅れを取った半導体などのハイテク技術を再興し、世界のデジタル社会をリードする先端技術を取り戻す必要があります。

中でも、アメリカのOpenAIが開発したChatGPT（生成AI）は、世界最速でユーザー1億人を突破して、グーグルやアップルなどデジタルでこれまで世界をリードしてきた先端企業を驚かせました。

DX関連、メタバース（インターネット上の仮想空間）など、デジタル関連のあらゆる技術での立ち遅れをどうやってキャッチ

アップしていくか。とてつもないスピードで進化を続けるDX分野では、3年以内にキャッチアップできなければ挽回することさえ難しくなるでしょう。

　かつて世界のスター企業となったソニーや松下電器（現パナソニック）などのように、いま再び日本から世界的なスターとなる企業が出現するかどうかが日本再興の鍵ですが、私は出現すると思っています。

　なぜか。

世界レベルでネットワークを拡大する大企業が日本には多いからです。資金は潤沢にある。勝ち上がっていく可能性は大です。

　また海運、鉄鋼など重厚長大な大型銘柄の活況には、眠れる日本の個人金融資産2000兆円（うち現預金約1000兆円）が流れていく可能性があります。

　直接流入するか、積立て型投資信託などを通じて流入するか。どちらにしろかなりの資金量が流入するのではないでしょうか。

　2023年4月からはじまった、

資産インフレ相場を迎える上で、私たちはどうすればよいのか。
千載一遇のこのチャンスに思案中の人は、

何もしなければ、インフレ時代の負け組になる可能性
さえあることに注意が必要です。

　77年サイクルの最初の3年間、①デフレからインフレへ、②円高から円安へ、③株安から株高へ、という大きな変化が進行していくことは間違いないでしょう。

資産インフレの直撃を受ける不動産

　新築マンションの価格が高騰しています。タワーマンションなど高級マンション価格はウナギ登り。典型的な資産インフレ相場が不動産市況に到来しています。

「もう分譲マンションはあきらめて賃貸にする」

　というファミリーには家賃の値上げが追い打ちをかけている。

　50平米の東京・西巣鴨の賃貸マンションの家賃が10万円から15万円に跳ね上がったと、新聞報道にありました。

　新築マンションの高騰で購入者が減れば、市場原理で賃貸マンションの家賃も値上がりする。そうなるともう東京都内には住みにくくなり、神奈川、埼玉、千葉へと人口は流れます。

　実際、東京への転入者数は約42万人、転出者数は41万人（2021年）と、転入者数がまだ多いですが、東京23区に限れば、転出者数が転入者数を1万5000人上回り、初めて転出超過になっています。

　転出者は神奈川（約9万6000人）、埼玉（約7万8000人）、千葉（約5万8000人）と東京都の隣接県に流れている。

　当然、こうした家賃の値上げ現象もアメリカでは先行して起きていました。

　IT産業のメッカ、シリコンバレーでは家賃の高騰が止まりません。そのために家賃の安い隣接する地域へ引っ越しする人が続出しています。あのテスラの大富豪イーロン・マスクでさえ「家

賃が高い」とカリフォルニア州からテキサス州へ引っ越しました。

なぜ金持ちのイーロン・マスクさえ引越しするのか。テスラの社員たちが家賃高騰に悲鳴を上げ住めなくなったからです。

「テスラは本社と将来のプログラムをテキサス州ネバダに移動する」

イーロン・マスクは宣言しています。

住宅という日常生活の最重要かつ基本のインフラにおいても、こうした厳しい現実があります。だからこそ今、インフレリスクに対して、株式投資などで資産形成してヘッジしなければなりません。私の予想通り、2023年4月から日本の株価は上がりはじめています。本書が刊行される7月上旬ころには、日経平均株価は3万円の大台を固め、さらなる底上げトレンドが続いているのではないでしょうか。

こうした株高に対して、今から買っても遅すぎると思う人には、「まだまだチャンスがある」とお伝えしたい。なぜなら、30年以上続いたデフレのトンネルを、日本経済がようやく抜けようとしている初動だからです。

2025年ころに2023年を振り返ると、株式投資のラストチャンスだった、ということになると見ています。

取捨選択した良質の情報で投資

日々の情報収集が大切です。

日本経済新聞を読むにしても、ただ漫然と読むのではなく、投資に必要な情報を見誤らないよう、判断材料として適した良質の記事を集中的にチェックしてほしいものです。

日経新聞でいえば、朝刊の「大機小機」、夕刊の「ウォール街ラウンドアップ」「十字路」などのコラムや連載記事を読むことを生活習慣にするといいでしょう。投資に不可欠な情報の収集を日頃から心がけ、楽しむことです。

次章からは、そんなみなさんに参考になる私の投資スタイルの肝、2023年から勝ち抜くための資産形成のヒントをいろいろと紹介します。

もちろん株投資の経験がほとんどない読者や、使える資金に余裕のない読者の方々にも、

何とか明日のことを心配しなくてもいい程度の資産をつくる

道筋を示してみたいと思います。長年にわたる投資家としての私の経験と知見から、解説します。

第 2 章

史上最大の資産
インフレ相場がやって来る

――――

株高の時代に備えよ

波動と情報をマッチング

この章では現在の相場のトレンド、波動について、歴史のサイクルも参考にしながらさらに詳しく読み解き、今後の大局観についてより具体的に解説します。

株式投資の初級者には少し難しい内容かもしれませんので、そう感じられる場合は本章をパスして3章に進んでください。本章は実践・経験を積み重ねた上で読まれるとより理解できると思います。

相場の波動をどう読むか。私は、

波動（時間の波動と価格の波動）と、株価の行方を左右する情報をマッチング

させ考えます。

上昇トレンド、下降トレンド、横ばいという3つの主な波動を使った分析と、好況、不況、停滞といった景気のトレンドを加味して検討するのです。

たとえば国家の波動は"栄枯盛衰"、人生の波動は"喜怒哀楽"。

どんなことにも、つねにトレンドと波動があり、それを読み解くことでこれから何が起こるのかを予想するのがスガシタ流です。

株価には時間のサイクルとして**3年、7年、20年、60年**といった4つの大きな波があり、経済学者が唱えた「景気循環論」と連動しています。

私はどのようにして相場を読んでいるのか

波動と材料をマッチングさせて判断する

波 動	材 料
（株価の波、サイクル）	（株価に影響を与える情報）

マッチング

波動は、仮説を立てる大元
材料は、その仮説を裏づける情報

　理論を唱えた学者の名を取って、それぞれキチンの波（3年）、ジュグラーの波（7年）、クズネッツの波（20年）、コンドラチェフの波（60年）といい、この4つの波と株価の時間の波動は連動しています。

　さらに波動分析の目安として、日本の株価の代表である日経平均株価のチャート、戦後から今日までの長期チャートも勘案して分析の参考にします。

　これまで日本株には戦後5回の大相場がありました。その頂点が、1989年末につけた3万8915円という大天井です（92ページ参照）。

　全国津々浦々に拡がった不動産バブル、北は北海道・網走から

■キチンの波

アメリカの経済学者ジョセフ・A・キキンが発見した約3年～3年4カ月周期で起こる景気の波。

短期の波動。企業の在庫の変動で起こる景気の波と考えられている。

■ジュグラーの波

フランスの経済学者クレマン・ジュグラーが唱えた約7～10年周期で起こる景気循環。中期の波動。

企業の設備投資によって起こる景気の周期と考えられている。

■クズネッツの波

アメリカの経済学者サイモン・クズネッツが発見した約20年周期に起こる景気の波。

工場、研究所、住宅など建設の建て替えなどで起こる景気の波と考えられている。

■コンドラチェフの波

ロシアの経済学者ニコライ・コンドラチェフが主張した約50～60年周期で起こる景気循環の周期。

技術革新によって起こる景気の波と考えられている。

南は九州・沖縄までほぼすべての土地が軒並み高騰しました。崖っぷちに位置する土地ですら値が上がった。土地と名がつくものなら何でも、銀行はその売買に融資をしたのです。

このバブルの出発点はというと、1982年10月につけた安値6849円です。

そこから7年のサイクル（右上図②）で1989年末に**3万8915円**にまで高騰。当時日本株式市場の時価総額は590兆9087億円にもなりました。

1982年の出発点から見るとほぼ**5.6倍**の上昇率です。しかしその後相場は下落トレンドに入り、1989年からちょうど20年目（右上図③）の2009年3月10日に**7054円**と大きく底入れしました。時価総額は半分以下の246.6兆円にまで下がってしまった。

株価にはサイクル（波動）がある

主なサイクルは、①3年、②7年、③20年、④60年の4パターン

① **3年**　短期サイクルの3カ月、長期サイクルの3年の2パターンがあり、大回り3年、小回り3カ月という相場の格言がある

② **7年**　7〜10年の間。主に7年から10年の2パターン

③ **20年**　5分の1世紀サイクル

④ **60年**　40〜60年と幅が広い。
半世紀サイクル

第2章

株価のサイクル（株式相場のサイクル）は、経済学の理論（景気循環論）と連動している

経済理論	連動	株価のサイクル〔波動〕
❶ **キチンの波**（サイクル） 在庫投資循環のサイクルとも呼ぶ	⇔	**3年のサイクル**
❷ **ジュグラーの波**（サイクル） 設備投資循環のサイクルとも呼ぶ	⇔	**7〜10年のサイクル**
❸ **クズネッツの波**（サイクル） 建設投資循環のサイクルとも呼ぶ	⇔	**20年のサイクル**
❹ **コンドラチェフの波**（サイクル） インフラ投資循環のサイクルとも呼ぶ	⇔	**60年のサイクル**

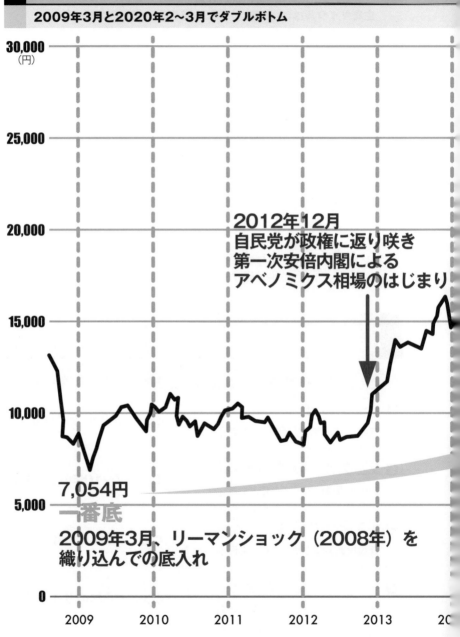

2009年3月と2020年2〜3月でダブルボトム

2012年12月
自民党が政権に返り咲き
第一次安倍内閣による
アベノミクス相場のはじまり

7,054円
一番底
2009年3月、リーマンショック（2008年）を
織り込んでの底入れ

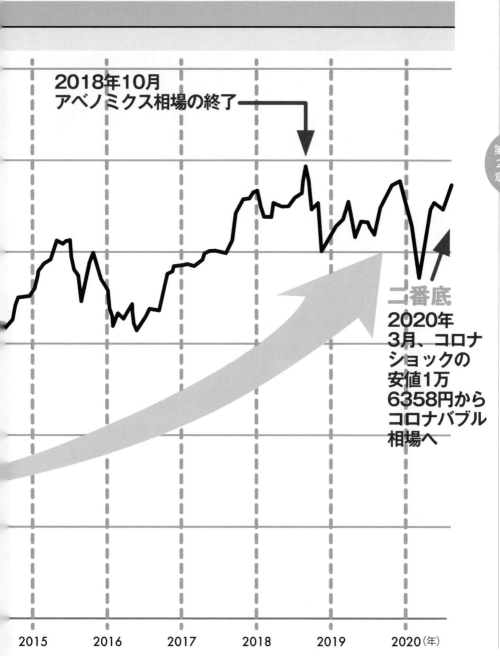

2018年10月
アベノミクス相場の終了

二番底
2020年
3月、コロナ
ショックの
安値1万
6358円から
コロナバブル
相場へ

2015　2016　2017　2018　2019　2020（年）

前年 2008 年 9 月アメリカ発のリーマンショックを織り込んでの
底入れでした。

超長期波動は大底からの上昇トレンド中

　現在の株価トレンド、特に長期的波動の上昇波動は、この
2009 年 3 月 10 日の 7054 円を大底としてはじまった上昇トレン
ドと見ます。

　その後 2018 年 10 月までの約 10 年間ほぼ上げ続けます。これ
が 2009 年からはじまった約 10 年サイクルの最後。アベノミクス
相場がピークアウトして天井をつけたのです。

　もう少しアベノミクス相場の時間の波動について説明すると、
安倍第一次政権が誕生した 2012 年 12 月から足かけ 7 年（45 ペ
ージ、上図②）で、天井をつけたということでもあります。

　また、1989 年末の 3 万 8915 円を出発点とした約 20 年（45 ペ
ージ、上図③）の長期波動の最終点が、2009 年 3 月の 7054 円。
そこから約 3 年かけて底入れ、2012 年 12 月に自民党が政権に返
り咲き第二次安倍政権が始動。2013 年 4 月 4 日に黒田東彦日本
銀行総裁による「異次元の金融緩和」（黒田バズーカとも呼ばれた）
政策が発動。アベノミクス相場がはじまったのです。

　この 2012 年からはじまったアベノミクス相場は、前述のよう
に 2018 年 10 月 12 日に天井をつけて終了。その後、下落トレン
ドが続いていたのですが、2020 年 3 月 17 日のコロナショックの

安値、1万6358円で底入れして再び株価上昇へ。そこでこの年6月、コロナバブル相場の到来をテーマに（『コロナバブルの衝撃！』実務教育出版）を刊行したのです。

　戦後の日経平均株価のチャートを調べると、大相場は出発点からほぼ5倍以上になることで共通しています。

　ということは2009年3月10日の7054円の5倍は約3万5000円。前回のバブル並みに上げれば、日経平均の次の高値は3万5000円近辺になることが予想できます。

　なので、もし3万5000円近辺が今回の上昇相場の天井にならなければ、いよいよ、1989年年末の史上最高値3万8915円に向かうというのが相場の波動です。

前回の不動産バブル級のバブル相場はその後にやって来る

と見ることができます。

　なぜなら、大きな上昇トレンドはどんな場合でも最後は決まってバブルになるからです。それが波動です。日銀が先導した空前の大規模金融緩和の後始末がここで起きるかもしれません。

　アメリカはすでにバブルのピークアウトをしていると見ます。

　ナスダックは2020年11月に天井。ニューヨークダウは2021年1月に約3万7000ドルで天井。しかし日本はいまだ3万円近辺。資産インフレ相場がはじまったばかり。この後 **1万円は上げる可能性** がまだ残っているのです。

史上最大の資産インフレ相場到来と その論拠

まず結論から先にいえば、

史上最大の資産インフレが日本ではじまる

と予測します。これは、

史上最大のインフレ相場がはじまる

ことと同義です。

　NYダウは2022年1月、ナスダックは前年の11月に史上最高値をつけて、アメリカは歴史的な天井をつけています。だから、1年以上も下落調整トレンドが続いているといえるでしょう。

　住宅価格も高騰。これは必ず賃料の高騰を招きます。2022年の新規貸出物件の賃料の中央値は2021年に比べて24％値上がりし、人気の大都市では40％以上の値上がり率（アメリカ、アパートメントリスト社のデータ）。マンハッタンの高級マンションは1室200億円という漫画のような信じられない価格になっています。

　とにかく賃貸物件の家賃上昇速度が異常なのです。FRBの利上げもテーパリング（金融緩和引き締め）も効果が見られない。利上げは近いうちにピークアウトするかもしれませんが、米国のインフレ率と金利水準は当分、高止まりするのではないかと予想しています。

これまでと違う格差インフレ、格差バブルが起こる

　今回の資産インフレは、これまでのインフレとはまったく異なる格差インフレです。

　株価であれ不動産であれ、価格が大幅に上昇するものとしないものに明確に分かれる。大幅に上昇する銘柄、不動産物件があれば、それほど上昇しない銘柄、物件がある。二極にはっきりと分かれる。それが格差インフレです。

　人気の銘柄、人気のある不動産だけが高騰、暴騰し、それが限界まで達するのがバブルです。もっとわかりやすくいえば、富裕層が買うものが上がるのです。

　限られた株、不動産だけが上昇。不動産ならば東京、大阪、名古屋、福岡といった大都市部のマンション、とくに高級マンションが現在上昇しています。地方のマンション、東京でも人気のないエリアのマンション価格はそれほど動かない。

　世田谷区、港区、豊洲等のごく限られたエリアの高級マンション価格が暴騰する。暴騰するものとその他大勢の底上げ程度で終わるもの、極端な二極化が今後ますます進むはずです。

　大手都市銀行の株価が上がっても底上げ程度。一方、暴騰する株は、たとえば海運大手3社（日本郵船、商船三井、川崎汽船）のように、安値から10倍になっています。日本郵船は2020年の安値から見て10倍以上。テンバガー（10倍株）は新興株とは限らないのです。

10倍株のキーワードは「イノベーション」

日本郵船や日本製鉄の株価はなぜ上昇したのか。

それは、

社内のイノベーションに成功したか否か

が大きな理由のひとつです。

社内のイノベーションと聞くと不思議に思われるかもしれません。しかしながら、いかなる企業も、社内的に大きな変革を起こし、旧態依然から脱皮した企業の株価が化けているのです。これからの大相場で株価を押し上げるのは、大企業株であれ、新興株であれ、

企業内にイノベーションが起こっている企業

です。

その見極めがきちんとできていれば、これから上がって来る「黄金株」をベストのタイミングでとらえることができます。

「日経ビジネス」的な表現をすれば、

企業改革、企業革命が起こっている銘柄を買う

のです。

実際、ディフェンシブ株（割安株）の代表ともいえる、日本製鉄、日本郵船、商船三井、川崎汽船などではイノベーションが起こっています。

製鉄会社、海運会社が企業改革によって収益性の高い事業モデルに変身しているのです。そこに円安・インフレが加わり、大きなプラス効果となって現われたのです。新たな事業モデルの具体

例を以下にあげておきます。

　日本製鉄は昭和電工や6つの国立大学と連携して、製鉄工程中の排気ガスから効率的に二酸化炭素を分離、回収する技術を開発。
　またJFEスチールや神戸製鋼所などと共同で、製鉄の過程で生じる水素を活用したプロジェクトが、経済産業省などが策定した「グリーンイノベーション基金事業」（注）に採択されました。

> （注）グリーンイノベーション基金事業……基金の適正かつ効率的な執行に向けて、産業構造審議会グリーンイノベーションプロジェクト部会において決定された「分野別資金配分方針」を踏まえ、同部会の下に設置された分野別ワーキンググループが、基金で実施するプロジェクトごとの優先度・金額の適正性等を審議する。その上で、担当省庁のプロジェクト担当課が、各プロジェクトの内容を「研究開発・社会実装計画」として策定し、洋上風力発電の低コスト化、次世代太陽電池の開発、製鉄プロセスにおける水素活用など20項目で順次公募を開始している。

　日本郵船は海運業界の労働者不足を補うため、「無人運航船」の実証実験に成功。内閣府主催の「第5回日本オープンイノベーション大賞・国土交通大臣賞」を受賞しています。
　まったく新しいビジネスモデルを構築し、資金調達も可能にしている。新しくビジネスチャンスをものにして、業績が飛躍的に伸びている企業なのです。
　東京証券取引所が、上場企業のコロナ禍前とコロナ禍後の利益の伸び率を調べたところ、最も利益の伸び率が高かったのは日本郵船でした。
　日本経済新聞（2023年3月20日付）によると、2022年4〜12月期の最終損益は、コロナ流行前の2019年4〜12月期と比べた増減額で改善額は**約9000億円。利益で約50倍**にもなっ

ているのです。イノベーションが成功した企業と成功していない企業、あるいはイノベーションを必要と考えず、何もしていない企業との差がはっきり出てきています。その意味でも、

史上最大の資産インフレは格差をともなってやって来る

ことは間違いありません。

それがこれから起こる資産インフレの最大の特徴です。所得の格差だけでなく株価にも格差が拡がる、そういう時代が到来しているのです。

主要国で新高値をつけていないのは日本だけ

私が、

「史上最大のインフレ相場がやって来る」

と予測している根拠についてもう少し詳しくお話ししましょう。

まず根拠の第1に挙げられるのが、世界中に溢れ返ったマネーの量です。

2008年のリーマンショック以前は、世界の3大中央銀行（FRB、ECB、日銀）のベースマネー（マネタリーベースのこと。世の中に流通しているマネー）は、合計が400兆円にも満たなかった。

ところが2020年のコロナ禍で大金融緩和が行なわれ、ベースマネーは2022年までに2000兆円にまで膨れ上がりました。1600兆円も増えた。お金の量が約5倍になったのです。

それで私は早くから、マネーバブル相場の到来を予想していま

した。

　過去になかったマネーバブルは、今もなお継続中です。世界中の不動産、株価が釣り上がって、日本だけはまだデフレの出口に差しかかっているため、株価も不動産価格も欧米に比べ割安です。

　だが世界は違う。

**　先進国で日経平均株価のようなその国を代表する株価指数が、いまだ新高値を取っていないのは日本だけです。**

**　不動産価格も日本だけが前回のバブル時の高値を抜いていません。**

　つまり、このマネーバブル、

**　最終ランナーの日本がこれから資産インフレ、そしてバブルへ向かう**

ことになるのです。

　日銀は金融緩和政策を継続。植田和男新総裁は黒田東彦前総裁の意志を引き継いで、

「物価目標2％が継続的に行われるまで、金融緩和は続ける、それが適切である」

　と明言しています。少なくとも2023年いっぱい、2024年まで金融緩和はこのまま継続される可能性が高い。

　世界経済は今、異なる2つの潮流のただ中にあります。

　日本では金融緩和の継続、しかし世界はハイインフレ、金融引き締め。

　FRBは昨年0.75％の利上げを4回連続実施。2023年最初のFOMC（米連邦公開市場委員会）で0.25％の利上げを決定。アメ

リカは利上げによる引き締め継続中ですが、日本は金融緩和継続のゼロ金利。そのため円安トレンドが続くことが予想されるのです。

　一時的に円高になったとしても、国際的な信用危機などによって一時的にドル売り円買いが起こるだけで円高トレンドになったとしても一時的だと思います。

32 年ぶりの円安は「いい円安」

「史上最大のインフレ相場がやって来る」根拠の第2は、32年ぶりの円安（ドル高）です。

　輸入インフレで物価が上昇しているため、多くのマスコミ、評論家、学者やアナリストたちが円安のマイナス面、悪い面ばかりを主張し、**「悪い円安」**と触れ回りましたが、著書やスガシタボイスで私はずっと違う見方を公表していました。1ドル150円をつけた時も、これは「いい円安」であり、日本経済の脱・デフレ、株高時代の予兆であると断言していたのです。

　円安の悪い面よりよい面のほうが大きい。アベノミクスの提唱者で元内閣官房参与、アメリカ・イェール大学名誉教授である浜田宏一氏も、

「円安の時に日本経済は成長して来た。日銀は自国の物価や景気を見極めて行動すべき」（日本経済新聞 2022 年 10 月 26 日付）

　と発言、私も同意見で、

円安が続いている間は日本の景気もよくなる

株価も上がり続ける

と考えています。

しかし円高方向に行ったらまたデフレに逆戻りです。

円高、デフレ、株安。

これは日本経済によくない３点セット。

この３点セットの日本は低成長で賃金は伸びず、物価は下がった。それが約30年続いた。ここでようやく低成長トレンドを抜け脱して、

円安、インフレ、株高

の時代に入るチャンスが巡って来ているのです。しかしまだまだ予断を許しません。

「今の円安は悪い」という論調が世論に影響を与えているうえ、「金融緩和を早く止めるべき」と主張する学者、評論家、メディアも少なからずいるからです。その急先鋒のひとりが白川方明・元日銀総裁です。

「金融政策の枠組みを再考する機会は熟した」

と国際通貨基金（IMF）の季刊誌に「変化の時」と題した論文を寄稿（2023年３月）。2013年に黒田前総裁がはじめた大規模金融緩和を、

「金融大実験だった」

と表現。

「金融緩和がこのまま長期化すれば、適切な資源配分が行なわれず、生産性上昇にマイナス。その影響は深刻だ」

と暗に黒田路線を批判しました。10年間金融政策の舵取りを担った黒田総裁の退任時（4月8日）を狙っての寄稿だったのでしょう。

もともと白川氏自身、日銀総裁就任当時には、

「金融政策だけで2％インフレ目標を達成するのは困難」

として金融緩和政策を頑ななまでに取りませんでした。そのためその後の日本経済は極度のデフレに陥り、日本経済を不景気に引き入れた戦犯として、白川氏はこれまでずっと非難され続け「白川デフレ」と揶揄されてきたのです。

私もその非難には同意見で、日銀の総裁は間違った政策を行なっても、責任を取らないのがいちばん問題だと常々思っています。

デフレ大不況のいちばんの責任者は白川方明元総裁、バブル崩壊の責任者は三重野 康 元総裁

であると、私は今でも考えています。三重野元総裁は日本のバブル時代に就任、

「バブル退治をする平成の鬼平」

などと称されていましたが、急速な金融引き締め策でバブル崩壊を招き、日本経済は戦後最大の危機に陥りました。しかしお2人からは、反省や謝罪の弁は出ていません。

「戦い」に学校の成績は関係ない

日銀総裁が賢明でなければ、日本経済に大いに悪影響を及ぼし

ます。

　高学歴で頭脳がどんなに優秀だとしても、「現場を知らない」「市場・マーケットに疎い」では実戦で役に立ちません。

　日銀総裁の手腕を見ていると、いつも思い出すのは太平洋戦争（大東亜戦争）の失敗です。

　当時の日本は、帝国大学や陸軍士官学校などの銀時計組（成績優秀者に対して天皇から銀時計が与えられた者たちのこと。至高の名誉とされた）など、学校の成績が優秀な人間が、年功序列で各現場のトップになり、戦争の作戦指揮に従事しました。こうした人たちは学業は優秀でも、実戦の経験が圧倒的に不足していました。**現場を知らなかった**のです。戦場や戦いの実際を知らないため、現場にそぐわない作戦を指令してことごとく敗戦したのです。

　もちろん物資の量やテクノロジーの面で、この戦争で日本が勝てる見込みはありませんでしたが、戦争に勝った負けたを論じるのではなく、

　現場を知らない人がトップになると、いかに悲惨な末路をたどるか

の実例として学ぶべきであると考えます。

　一方、維新以降の明治新政府時代を振り返ってみると、命がけで維新を成し遂げた薩摩と長州の志士たちが、新政権の要職を担いました。幕末の修羅場をくぐってきた者ばかりなので、みな現場を熟知していた。「戦い方」を知っていました。

指揮系統も学閥や学歴のありなし、優劣ではなく、戦いに勝てる人間を抜擢して重用したので、日清、日露と大国と交えた戦争で勝利することができました。

　1905年の日本海海戦で、連合艦隊トップに、あと数年で引退する予定だった東郷平八郎大将を起用した理由を聞かれて、「彼には運がある」と答えた時の海軍大臣、山本権兵衛（後に首相、外務大臣）の"現場感覚"がよい例です。日本の命運を東郷の強運に賭けたのです。

戦争は経済にインフレを呼び込む

　「史上最大のインフレ相場がやって来る」

　根拠の第3は、1年以上経過したロシアのウクライナ侵攻の長期化です。

　歴史を調べると、いかなる戦争も経済にインフレを呼び込みます。

　戦争が長期化すれば物資不足になる。今最も物資不足で苦しんでいるのはウクライナ。そしてロシアです。

　ウクライナの場合、特に水、食料、鉄鋼、医薬品、衛生用品などが決定的に不足していて、死活問題となっています（いちばん不足しているのは弾薬ですが）。

　戦争長期化のいちばんの原因は、この戦争を仲裁する国が見当たらないことです。

　地政学的、軍事的にはアメリカが仲裁するのが最も適していますが、今回は完全にウクライナ側についてしまっている。中国が仲裁できればいいのでしょうが、こちらもロシア側についてしまっている。仲裁できる国、力のある大国がいないのです。

　するとどうなるか。

　戦史が教えているのは、消耗戦への突入です。

　つまり、力尽きるまで戦うしかなくなるのです。物資不足がますます深刻化する。兵士の数、武器弾薬の数も足りなくなる。兵士が戦うための水、食料も慢性的に不足しています。今後ロジスティックス（一元管理された物流システム）がきちんと維持できるかどうかにかかってきます。

　過酷な消耗戦に入っている現状で、弾薬（タマ）が底をついたほうが敗北するというのは、歴史の教訓です。

ウクライナ戦争が世界を二分した

　ですから、どちらかが倒れるまで戦争は続くかもしれません。ちなみに、この戦争は「数十年単位で続く可能性がある」とロシア前大統領のメドベージェフ安全保障会議副議長が言及しています（2023年5月25日、ロイター）。

　中国は表面上、中立的な動きをしていますが、裏ではロシアと手を握っています。ゼレンスキー大統領と習近平が電話会談したと報じられていますが、中露の関係を考えると現実的な仲裁がで

きると考えるのは早計でしょう。

　表向きはロシア対ウクライナの戦争ですが、これは「代理戦争」的な意味合いがあり、実際は、

ロシア、中国、北朝鮮、イラン VS ウクライナ、アメリカ、NATO、日本の、世界を二分する戦い

という側面があるのです。

　力尽きるまで戦うのか。はたまた核兵器で終わらせるのか。「このままでは負ける」となれば躊躇なくロシアは核兵器を使う可能性がある。ロシア敗北となればプーチン大統領は戦犯となるからです。

　ウクライナでロシアが制圧した地域の子供たちをロシアへ移送したことが国際法上の戦争犯罪にあたるとして、2023年3月、ICC（国際刑事裁判所）はプーチンに逮捕状を出したと発表しています。すでにプーチンは国際指名手配犯であり、ロシアからうかつに出国もできません。彼が政権トップにある限りロシア軍は最後まで戦うしかなくなるというのはこういうことです。ロシア国内でクーデターが起これば状況は一変する可能性はありますが、果たしてどうでしょう。

日本人がようやく気づきはじめたこと

「史上最大のインフレ相場がやって来る」

　第4の根拠は、ようやく日本人の多くが「本当にインフレにな

るのではないか」と気づきはじめた、感じはじめたことです。

　デフレ時代は定期預金の金利すら 0.01％しかなく、タンス預金でよかったかもしれませんが、インフレになれば現金の価値が減少、どんどん目減りしていきます。

　1980 年代後半は 700 兆円だった日本の個人金融資産は、2021 年末には 3 倍近い 2000 兆円に増えています。そのうち約半分の 1000 兆円を現預金として持つ人々も、気付けば、動かざるを得なくなるでしょう。

　何より、じっとしてはいられないはず。

　高度成長期〜1980年代まで5〜7％あった金利も今や0.01％（定期預金）。積立て型投資をはじめたり、株、不動産への投資を開始せざるを得ない。こうなればインフレに拍車をかけます。NISA などの拡充で「貯蓄から消費へ」へというメッセージを内外に発表している岸田政権の方針もこれを後押しするでしょう。

日本の資産インフレは、以上の背景から 2023 年から本格的にはじまる

と私は見ています。

　日本株はインフレ度合に比例して上昇していく。3 万円を突破して、さらに上値を目指すのは既定路線といってもよいかもしれません。

デタントの終わりと新たな緊張

　ここで、**株価が上がる３材料と、下げる３材料について**お話してみましょう。この場合の材料とは情報のことです。

　2023年は前年に増して世界と日本に大変革が起こることは間違いありません。
2023年は世界と日本にパラダイムシフトが起こる
と、私は著書で以前から指摘してきましたが、株価を下げる材料、悪い情報として考えられる第１は、
デタント（対立する２国間の緊張緩和）の終焉
です。国際的な緊張緩和の時代から新たな冷戦構造がはじまった。

　具体的には日本、アメリカ、ヨーロッパ対ロシア、中国という対抗軸が冷戦構造を生み出しています。

　この冷戦構造が激化すれば、過去10年間とはまったく異なる時代が到来する。もっとはっきりいえば、「戦いの時代」の到来です。

　アメリカは完全に中国を仮想敵国と見立てています。2022年8月のペロシ下院議長（当時）の訪台、2023年4月5日、訪米した台湾の蔡英文総統がマッカーシー下院議長と会談、さらには4月、下院外交委員会のマッコール委員長（共和党）ら超党派の議員団が訪台し蔡英文総統と会食するなど、台湾へのテコ入れが半

端ではありません。これを中国との関係をシビアに見ているからこそでしょう。

　仮に中国が台湾へ侵攻したならば、アメリカとの関係で日本も戦争に巻き込まれることは避けられません。米軍、とくに海兵隊は沖縄の基地から出動するので、中国は沖縄も爆撃の対象とするでしょう。そうなると自衛隊が出動せざるを得なくなるかもしれない。そういった危機感が、2023年度、軍事費、防衛予算を増大させた理由にあります。

　5年以内に防衛力の抜本的強化を図り、2022年より1兆4000億円上積みして6兆8000億円となった防衛予算。過去最大です。「防衛力整備計画」初年度の2023年は、5年間の防衛力整備基準を計画の1.6倍にあたる43兆円と試算。23年度の防衛費は約7兆円、2000億円のアメリカの巡航ミサイル・トマホーク（5年間で400発）購入も決まっています。

日本は欧米とは真逆の状況

　株価の今後を予測する材料（情報）として、長いデフレ・低金利の時代が終わり、インフレ・金利上昇時代に突入していく日本の今後は、どうなると見ればいいのでしょう。

　アメリカはすでに40年続いた低金利・金融緩和の時代を終えて、金利上昇時代へと大きく舵を切っています。1982年頃から約40

増大する防衛費

2023年度の予算は6兆8219億円

防衛費の増額は11年連続

予算の主な内訳

装備品維持整備費	2兆355円
弾薬の取得	8283億円
自衛隊施設の整備費	5049億円
装備品の研究開発費	8968億円
自衛隊員の生活、勤務環境の整備費	2693億円
アメリカの巡航ミサイル「トマホーク」の取得	2113億円
国産ミサイルの改良開発、量産	1277億円

年続いた金利下降、大金融緩和によって、アメリカはシリコンバレーを中心にした情報通信革命を成功させました。

IT普及が労働生産性を押し上げ、資本ストック（企業の生産活動に必要な設備）がIT化して好循環を呼び、IT関連機器の生産、または供給の分野でも生産性が大きく飛躍しました。

こうした情報通信革命によってナスダックではグーグル、アップルを代表としたニューハイテク株が上昇。アメリカ株全体の時価総額は圧倒的世界一となって、景気を押し上げ続けてきたのです。

その時代がついに今終わりつつある。それが現在のアメリカ経済の実情です。

しかし日本はまだこれから。デフレ・ゼロ金利時代がようやく終わろうかというタイミングであり、確実にインフレ時代に向かう。つまり、大転換の時期にいよいよ入った時期。まだ初動に過ぎないともいえる。**日本は欧米とは真逆の状況**なのです。

米中冷戦で恩恵を受ける日本

この新たな対立の時代に、

日本は「冷戦の恩恵」を再び受ける

と予測します。

私がいう「冷戦の恩恵」とはどういうことか。具体的に説明します。

現在の米中の冷戦は、1990年代の米ソ冷戦時代と違って日本も冷戦の対立軸の一員に加わっています。欧米とともにロシア・中国を仮想敵国と想定し、対立の矢面に立っているともいえる。今回の広島サミット（2023年5月19日〜21日）で、岸田首相がその立場を明確にしました。新冷戦の対立の最前線にいるため、日本の軍事力、経済力、政治力が強化されることは、欧米にとってもプラスでしょう。

　また、アメリカが日本へのテコ入れを惜しむことはないでしょう。むしろ日本を強化してでも中国を牽制するでしょう。

　逆に日本が弱体化して利益を得るのは中国、北朝鮮、そしてロシアです。今回の冷戦構造はその構図がはっきりとしています。

　つまり、**新たなる冷戦構造は日本にプラスに働く**ことになるかもしれないのです。

　具体的にいえば、欧米のマネーが日本へ一層流入する機会となる可能性が高い。中国のアリババ（アジア最大の消費者向け電子商取引・ウェブサイト。会員数2.1億人以上、中国での消費者向け電子商取引サイトでは80％のシェア）に投資してきた欧米の企業が方向転換し、

「同じアジアへの投資ならば、日本のNTTに投資したほうが安全だ」

　となるでしょう。

不安材料は円、ドルへの信用低下

「史上最大のインフレ相場がやって来る」

　根拠の第5は、

この5～10年で起こるであろう法定通貨価値の減少

です。インフレで基本的には現金の価値が減少し、法定通貨の信用が揺らぐことになります。

　過去にないマネーバブルによって、スイスのクレディ・スイスやアメリカのシリコンバレー銀行、シグネチャー銀行のように、レバレッジをかけて融資に過剰投資をしていた銀行が破綻の憂き目に遭いました。

　金利が安く、預貯金残高が100兆円に満たない銀行でも、1000兆円を貸し出すという融資がまかり通っていた。しかし金利コストが上がれば、貸し方が逆ざやになります。

　FRBの急激な利上げで債券価格が急落。巨額の含み損を抱えてしまい、シリコンバレー銀行は経営に赤信号が点灯、28兆円（円換算）ほどの資産があっても即座に破綻へと追いやられてしまいました。

　3月19日、クレディ・スイス・グループはスイスの金融最大手UBSにたった30億スイスフラン（約4300億円）で買収され、一段落はしましたが、欧米の銀行に対する信用度はかなり落ちるはずです。

法定通貨に対する信用低下も避けられません。そのため円やドル、ユーロの資産を他のところへ移そうとする動きが活発化するかもしれない。そのため今、金（ゴールド）の価格もずっと高止まりです。

いずれ、ビットコインなど仮想通貨市場にも再び余剰マネーが流入するでしょう。今回ビットコインは2021年11月に天井をつけていますので、時間の波動（時の波のサイクル）から見て、天井から3年後の2024年11月〜12月には、過去につけた高値を取りにいくかもしれません。近い将来、「1ビットコインが1000万円になる」と予測する専門家もいます。

動乱がもたらす究極の格差社会

2022年2月24日、ロシアがウクライナに侵攻して以来、世界は動乱時代に突入しました。動乱の時代とはどういうことか。

ここでその特徴をお話してみましょう。

第1は、**究極の格差社会の到来**。

貧富の差が拡大してこれまでの価値観が激変する。過去の価値観が180度転換します。

それはどんな転換か。

30年近く続いたこれまでのデフレ時代は物価が安く、金利も

安く、現金を持っていた者が強かった。しかしインフレになると現金の価値が減少します。現金のまま所持していたら損をする。その点にまだ多くの国民は気付いていませんが、インフレ傾向がもっとはっきりすれば気づくでしょう。

5000円で買えていたものがいつの間にか6000円になっている。

5万円だったものがいつの間にか6万円。

すでにさまざまな商品、サービスの価格が上がってきています。

また円安が継続的に進めば、円安メリットのある企業、特に大企業は膨大な利益を得ます。前述した海運の日本郵船や商船三井、川崎汽船、あるいは鉄鋼の日本製鉄がその代表です。

海外ではドル建てですから円安で利益が跳ね返ってくるのです。

120円だったものが150円になれば差益は30円。海運3社は2022年3月配当と9月配当、2023年の3月配当と高配当が続いています。しかし多くの投資家、一般の人々はその高配当に気づいていませんでした。

若手の経営者を集めて昼食会を催していた時、ある経営者に、

「日本郵船の株、有望ではないですか」

と尋ねると、彼は、

「なぜですか。海運業は全然駄目ですよね」

海運はすでに終わりと無視していた。思い込みがあったのです。

日経ビジネスの記事にも、「日本郵船はもう単なる船会社ではない、企業改革が起こっている」とお話しましたが、株価はすでに大幅に上昇、投資の機会を逸していました。

2023年3月決算については前述しましたが、2022年3月決算で見ると、配当は1株1000円、当時の株価は約9800円（3分割前）

で、1000 株買えば約 1000 万円で配当は 100 万円。異次元の高配当だったのです。

トレンドは、円安！

しばらくは円安メリットのある企業の株を狙うべきでしょう。

円安が続くのは目に見えている。時々円高に振れる場面があったとしても、長期的に円安の流れは変わらない。**トレンドは円安**です。

デフレで 30 年の円高が終わったということは、これから 30 年の円安がやって来るかもしれないのです。それが時間のサイクル、波動です。

これからの投資は 1 ヵ月、2 ヵ月、1 年単位で考えていたら失敗します。

変動相場制以降、約 30 年かけて円ドルは 1 ドル 75 円ほどにまで上がった。もとはといえば 1 ドル 360 円（戦後、連合国軍総司令部の GHQ が決めた物価安定、緊縮財政政策ドッジラインによる）でした。固定相場制から変動相場制に移行した 1973 年（昭和 48 年）、そして 1985 年（昭和 60 年）のプラザ合意（先進 5 ヵ国が一致して円高・ドル安政策で合意）で 1 ドル 235 円、翌年 1986 年 7 月には 1 ドル 150 円台と、以降円高が続きました。

2011 年 10 月に 1 ドル 75 円で歴史的なピークアウト、2022 年から超円安トレンドへ。現在進行形の円安サイクルですが、果た

して幾らまで下がるかは見当もつきません。

　円安が続く理由としては、短期的には何といってもアメリカの利上げによる日米の金利格差。今後2〜3年はアメリカの金利は高止まりでしょう。政策金利の指標フェデラルファンド金利は4％以上の高水準。米10年物国債利回りは2023年2月に2010年以来となる3.9％超え。一方、日本はデフレ脱却しても、金利上昇はせいぜい1〜2％程度どころか、ゼロ％の壁を突破できないかもしれないのです。

日本は1〜2%、アメリカは6〜7%

こんな時代になる可能性もある。

　そして日本もアメリカもインフレはそう簡単には終わらないはず。

少なくとも2024年のアメリカ大統領選までインフレは収まらない

と私は見ています。

　FRBがどれほど頑張っても、今のインフレを止めるのは至難の業。なぜなら現在のインフレ・トレンドは、出発点がジョー・バイデン第46代アメリカ大統領が誕生で史上最大の景気対策、財政出動が行なわれたその流れの延長線上にあり、

当分は金利高、インフレ高止まりは続く

と見ることができる。

日本側から見れば、

円安がしばらく続く

と予測できます。

為替は国力で決まる

円安がしばらく続くと考えるもうひとつの理由は、為替は国力の差で決まるのがセオリーだからです。

円ドル相場もいわずもがな。

強い国力の国の通貨が買われるのです。アメリカと日本、国力はどちらが強いか。今はアメリカでしょう。だからドル高、円安となる。

何だかんだといっても軍事力、経済力、外交面でアメリカはまだまだ世界で断然強い。最強国家です。金利格差も続き、国力も日本よりアメリカのほうが圧倒的に強い。だから当分、円安と予測します。

もし2022年10月の150円台を突破すれば、1990年につけている160円台が目標値となるでしょう。

そうでなければ、2022年10月につけた150円近辺が当面の円安のピークになるでしょう。

爆発的人口増加が食糧不足、
水不足を加速させる

世界情勢のリスク、不安には爆発的な世界の人口増加も追い打ちをかけています。

バイオテクノロジー、ライフサイエンスが日進月歩で進化し、

先進国は長寿化が進んで平均寿命が延びています。しかし高齢化が進む一方で少子化も進んでいます。女性が自立し、働くことが当たり前となり、晩婚、未婚の増加で、出産・育児を避ける傾向があります。ところがこれと真反対なのがアフリカやアジアの国々の爆発的な人口増加です。

　先進国の少子化、人口減に反比例し、その何倍もの人口増加がインドやアフリカ諸国で顕著に見られます。これらの国々は当然、慢性的な食糧不足、水不足の危機に直面します。

　現在のペースで人口が増加し続ければ、今の88億人から2080年には104億人に達すると推計されています。こうした過程ではまず間違いなく人口増大による食料、水、エネルギーの慢性的不足が起こり、同時に価格は暴騰するでしょう。

　ただでさえインフレ問題で物価は上がっているのにそれに拍車をかける。この物価上昇は、

世界がソフトの時代からハードの時代に変わった

証明でもあります。

　これまでは情報通信の時代でソフトに価値があった。しかしこれからはモノの価値が圧倒的に高くなる。日本で水資源周辺を購入する外国資本が増えています。非鉄金属の資源も徐々に値が上がっています。食料、水、エネルギーの資源価格が上がれば庶民の生活コストはさらに増大、貧困層がそれに比例して増大。

　無制限に増大し続ける人口の国々が、数に限りがある食料、水資源を巡って争奪戦を起こす。局地的な争奪戦はやがて紛争、全面的な戦争を引き起こしかねません。

歯止めがきかないマネーバブル

　今後世界のマネーバブルはさらに拡大するという危惧もあります。

　アメリカがいくら金融引き締めを続けても、余剰マネーが世界に溢れ過ぎている状況に変わりはありません。

　過剰な金融引き締めによって、前述のシリコンバレーバンクやクレディ・スイスのような、大陸をまたぐ銀行破綻の連鎖、世界的金融不安が再び起こりかねません。

　シリコンバレー銀行などアメリカの銀行破綻が連鎖した際、FRBのパウエル議長は、

「銀行システムの安全性と健全性を維持するため、当局のツールすべてを活用する用意がある」

　と発言しましたが、イエレン財務長官は、

「銀行システムを安定させるために全面的な預金保険の提供を規制当局が検討していることはない」

　と真逆ともとれる発言をして市場は一時混乱。すぐさま前言を翻し、

「経営破綻した2銀行の預金は全額保護する。他に小規模の金融機関で預金が流出すれば、同様の措置を取る可能性がある」

　と明言。狼狽ぶりを露わにしました。それだけ動揺する事態が起きていたのです。

　投機的なマネーが株、不動産、金（ゴールド）や暗号資産など

にしだいに大きく流入していく動きもあり得ます。そうなれば、欧米の信用不安が国際金融市場を脅かすような展開も予想されるでしょう。

ビットコインにもチャンスは巡って来る

　銀行の信用危機は法定通貨の信用危機でもあります。

　大口の投資家は金、ビットコインなどを買いはじめ資産を移動させはじめている。テスラのイーロン・マスクなど巨額の資産を持っている富裕層は、リスクを避けるため素早く資金を移動させます。

　ひとたび銀行が破綻、破産が起これば発行されていたクレディ・スイスの金融債（AT1債）が紙くずとなるようなことが起こり得る。FRBが利上げと引き締めを続ける限り、世界の信用不安は続くでしょう。

　　（注）AT1債……株式と債券の中間の性質を持った証券で、金融機関が破綻した際の弁済順位が普通債などに比べて低い。自己資本比率が大きく下回ったり、金融監督当局の決定等で強制的に元本が削減されたり株式に転換されることがあるリスクの大きな金融商品。クレディ・スイスの場合は、170億ドル（約2兆2,600億円）のAT1債が無価値化され、世界の投資家、金融市場に大きな衝撃を与えた。

第 3 章

爆騰する日本株
3つのシナリオ

———

政局、インフレ、円安、そして日柄

岸田政権と総選挙

支持率が低迷していた岸田内閣ですが、2023 年に入って上向きに変わりました。

好転した理由のひとつは、12 年ぶりの韓国大統領来日による日韓首脳会談の実現でしょう。日韓友好ムードが国民に評価された。サプライズのウクライナ訪問、5 月の広島サミットで、G7 首脳が広島平和記念資料館を訪れるなど、サミット外交の成功も大きかった。

もうひとつ重要なことは、2023 年 3 月決算で主要企業の好決算が続いたことです。

4 月に入り、日経平均株価は 2 万 8000 円台を回復。実は、この 2 万 8000 円前後がこれまでは大きな壁でした。なぜ大きな壁だったのか。

2021 年 9 月の高値 3 万 795 円から、2022 年 1 月の 2 万 4681 円まで、この下げ幅は約 6100 円。2 万 4681 円に下げ幅 6100 円の約半分 3000 円を足すと、半値戻しは約 2 万 7700 円。この半値戻し近辺、筋目の 2 万 8000 円を抜けるかどうかが大きな壁だったのです。

それを抜いた。半値戻しの壁を突破した。

相場の波動から見て、株価の転換点といえます。

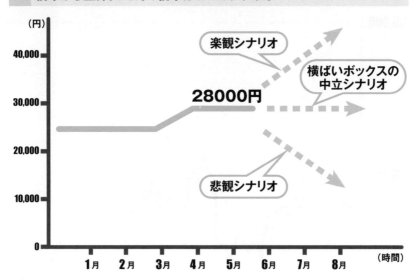

2023年日経平均株価の波動
前半から上昇トレンド、後半は3つのシナリオ

第3章

シナリオ通りの株価の動き

　半値戻しの壁、2万8000円を突破ししした日経平均ですが、し
ばらくの間は2万8000〜2万9000円のゾーンでもみ合い、5月
中旬には2万9000円、そして5月中旬、大台の3万円の壁をも
突破しました。

１〜３月が株価の底値圏となって、４〜６月より株価は上が
る

　いまのところ、私の予想シナリオ通りの動きになっています。

2023年4月、なかなか越えられなかった2万8000円の壁を突破。

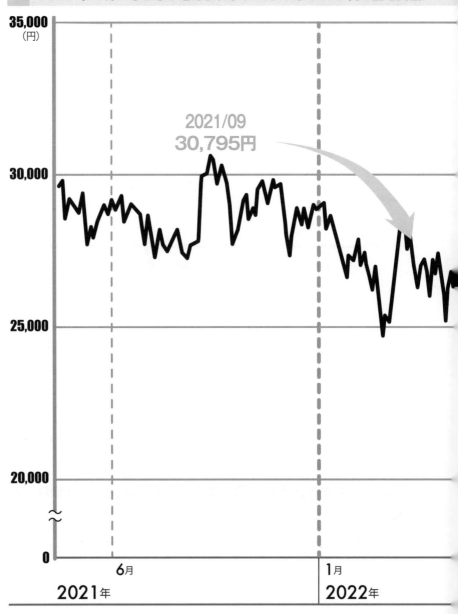

2021/09
30,795円

５月、一気に大台の３万円を奪回

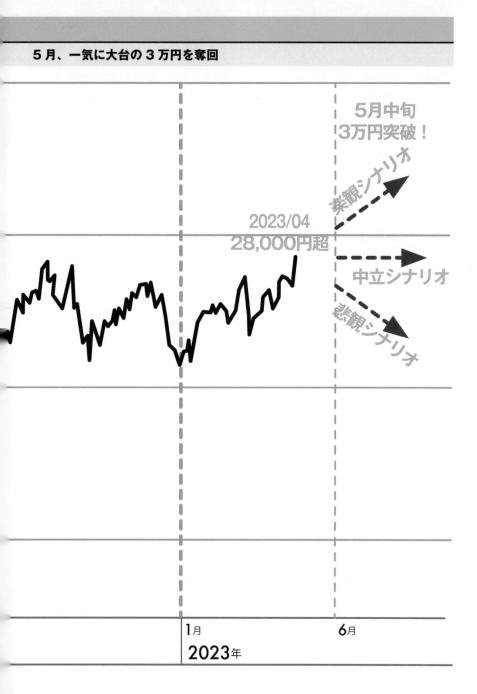

「選挙」は「株高」

　前述したように、広島サミットの成功、さらなる岸田政権支持率の上昇で、解散総選挙の可能性が高まっています。そして総選挙となれば間違いなく株高につながるでしょう。安倍政権時代も解散総選挙、参議院選挙の前後から株価が上がった。

３万円を突破した相場が次に目指すのは、いよいよバブル最高値

と予想します。

　以上は短期的な相場予測ですが、2023年後半はどうなるでしょうか。

　６月ぐらいからの動きを予測すると、まずは解散総選挙、内閣改造があるかどうか。

　解散総選挙は、自民党総裁選のおよそ１年前にやる。これがこれまでの傾向。次の総裁選は2024年９月です。およそ１年前に解散総選挙をすることで、再選のための足場固めを行なう。時の首相にはそういう計算があるのです。だから2023年の年央以降は、いつ解散総選挙があってもおかしくありません。

今後の株価を動かす大きな要因のひとつが政局

であることは確かです。

日本株に影響を与える最大の海外要因

経済の海外要因におけるいちばんの関心事はFRBの利上げがいつ終わるか、これに尽きるでしょう。

ただ、FRBの金融政策を先読みするのは非常に難しい。しかしあえて予測すると、前述したように、

アメリカのインフレはそう簡単には収まらない

と私は見ています。FRBはインフレ率を2%に下げるため利上げをしていますが、

アメリカのインフレ金利は、当分は高止まり

というのが私の予測です。

また、目が離せないのが円ドル相場。

インフレ、金利ともにアメリカは高止まり。ドル高で日本は再び円安。

2022年10月、32年ぶりの1ドル150円台から一時127円まで円高に振れ、その後130円前後で推移していましたが、5月には再び140円台をつけています。この後、円ドルは140～150円のゾーンに入っていくというのが私の予想です。かなり多くのアナリストは、2023年後半に米国金利のピークアウト（金利下降）を予想、円高に振れると唱えています。

つまり、

近いうちにアメリカの金利は下がる

と思っている人が日本には多いのです。

「ピークアウトして金利はもうすぐ下がるはずだ」

と予想しているメディア、評論家、アナリストが非常に多い。

彼らは、

「アメリカの金利が下がれば円高になる」

と一様に予測しています。

日銀の植田総裁も2%の物価目標を堅持。アメリカの金利は年末には下がり、日本の金利（イールドカーブ・コントロール）は横ばいか、2022年年末の0.5%上げに追加してさらに0.5%上げる可能性があります。

（注）イールドカーブ・コントロール（YCC）……長短金利操作のこと。日銀の金融緩和政策で取り入れられた金融政策。2022年12月、黒田総裁（当時）が、それまでのプラスマイナス0.25%の許容変動幅を0.5%に拡大すると発表。一時株価は大きく下落するなど、市場にインパクトを与えた。植田新総裁になって、1%への拡大、もしくは上限撤廃という金融政策の変更に市場は警戒。YCC撤廃となればゼロ金利は撤廃され、金利の上昇が始まることになる。2023年4月現在、先進国で金融緩和政策を続けている国は日本のみ。

そうした見立てから、

「近いうちに絶対に円高になる」

と彼らは予測しているのです。しかし私はアメリカの金利はそう簡単には下がらないと見ています。

一時的には下がる場合もありますがインフレは簡単には収まらない。アメリカの金利は高止まり。どの程度かは予想が難しいですが、4〜5%かもしれません。アメリカの銀行最大手であるJPモルガン・チュースのダイモンCEOは、5月25日現在、3.7%程度の米国債10年物の利回りが6〜7%になるかもしれない、と警告しています。

一方、日本の金利は幾ら上がったとしても0.5〜1%。

だから円安の流れが当分続くと私は予想します。

岸田首相、ウクライナ訪問の舞台裏

　岸田首相は非常に支持率を気にするタイプの総理大臣です。

　サプライズだった2023年3月21日のウクライナ訪問ですが、かなり強い口調で外務省に指示していたと永田町情報筋から聞いています。「（ウクライナ訪問を）早く実現しろ」と。訪問すれば必ず支持率は上がると踏んでいたのです。

　外務省は実は首相のウクライナ訪問を非常に渋っていました。あまりにもリスクが大きいからです。しかし首相は尻込みする外務官僚を激しく叱咤した。「リスクを予見できない外務省は要らない」とまでいったそうです。

　外務省は仕方なく広島サミット前のウクライナ訪問を何とか実現させました。

　3月19〜22日の日程でインドを訪問。その後ウクライナへ。

　インドのモディ首相との首脳会談後に行なった記者会見では、詳しい説明は役人に任せて、午後8時過ぎ、SPを含めてわずか10人のスタッフだけで資材搬入用エレベーターでホテルを脱出。民間ビジネスジェットをチャーターしウクライナの隣国ポーランドへ向かった。自衛隊が運航する政府専用機を使えば目的地を事前に登録しないといけないし、常時大型の2機で飛ぶため非常に目立ちます。まるで映画のような隠密行動です。

　ポーランド到着後、プシェミシル駅からは乗り換え時間わずか

第3章

5分の早業で乗車し、ウクライナ首都キーウへ向かっています。外務官僚の主導のもと、アメリカのバイデン大統領と同じ行程をたどりました。

戦時下の訪問ですから、命がけの訪問に変わりはありません。日本の総理大臣でこんなことをした人はこれまでいません。首都キーウ郊外のブチャ市を訪れ、ロシア軍に虐殺された民間人の戦死者慰霊記念碑に献花。ゼレンスキー大統領との首脳会談実現は、世論調査で支持率を上げる大きな要素になりました。

支持率上昇に効果があったのは、これだけではありません。

前述したように、2011年以来の韓国大統領来日による日韓首脳会談実現も効きました。

この会談は何から何まで異例づくめ。ユン・ソンニョル大統領夫妻と岸田首相夫妻は銀座の日本料理店で1次会はすき焼き。その後、2次会まで催し、オムライスを食べたというのです。

これで低迷していた支持率が持ち直した。さらに広島サミットではまた支持率上がるという読みがあった。地元広島で、核兵器のない世界実現に向けて日本のメッセージを発信しました。しかも今回、日本は議長国としてリーダーシップも発揮できた。オンラインでの参加とされていたウクライナのゼレンスキー大統領が急きょ来日し、G7首脳と対面で議論するサプライズまでありました。

こうした一連の政治イベントはもちろん株価に好影響を与えます。

9月決算、円安が株価上昇に追い風

　2023年後半も、前半に引き続き主だった企業の9月決算は悪くないでしょう。

　日本の企業業績の改善が続き、追い風となっている円安、そこにコロナ禍で3年ぶりのインバウンドの急増が重なってきます。

　政府は2023年度、最大の景気対策としてしっかり予算を取っていますし、防衛予算増額もある。

　以上の買い材料から考えて2023年後半も株高になる可能性は十分あります。日本経済と株価はこれからしだいによくなります。

　アメリカの株価は、1年以上の下落トレンドのあと、リバウンド相場（下げすぎの反動底）があり得ますが、引き続き波乱の展開が予想されます。リセッションになるかどうかの瀬戸際でもある。リセッションにしないために早めに金融緩和を再開させる可能性すらあります。

アメリカの株価上昇は早くて2年半後？

　繰り返しますが、アメリカ株は大天井をつけています。ナスダックは2021年11月、16212ポイントで天井。2022年1月にはNYダウが約3万7000ドル近辺で天井。

2021 年 11 月と 2022 年 1 月のことなので、

この高値を抜いて来るのはどんなに早くても 2 年半から 3 年

というのが日柄（時間の波動）です。

　一般の人は価格の波動（値頃）ばかりに目を奪われ、時間の波動（日柄）を忘れがちですが、日柄を見ることはとても重要です。

　江戸時代からいわれているように、

相場の読みは、値ごろより日柄が大事

なのです。これは、価格の推移よりも時間の推移のほうがより大切という教えです。

　読者のみなさんもこの点をぜひ参考にしてください。

日柄で読む日本株価

　ここから、波動で日本株の今後を分析してみましょう。

　日柄（時間の波動）では、日経平均株価は 2009 年 3 月 10 日の 7054 円が底。長期の波動としてはここを底と見ます。

　短期波動の底はどこか。2020 年 3 月のコロナショック時の 1 万 6358 円でした。

　短期の波動で考えれば、3 年サイクルで、次の高値は 2021 年 11 月から 3 年後は 2024 年の年末です。ですので 2024 年の 11 〜 12 月が要注目です。

　3 年サイクルより早い 2 年半サイクルならば 2024 年 6 月。つまり、

アメリカ株は2024年6月と12月ごろに再び高値をつける

可能性があります（2024年はアメリカ大統領選の年）。

波動から見て、

2024年6月か年末までに、NYダウ、ナスダックが二番天井をつけにくる

というのが私の読みです。

超長期波動では、2024年末にひと相場あり!?

さて、超長期では、2009年3月10日の7054円が日本株の大底、一番底、これより下の株価はありません。同様に日本株の大天井、史上最高値は1989年12月末の3万8915円、これ以上高い株価はこれまでありません。

超長期の波動で考えれば、

大底から20年サイクルの2028～2029年ごろに、再び史上最高値をつけるというのが、波動から見た読みです。

日柄から考えると、2009年3月の7054円が大底、約10年のサイクル、波動で見れば10年後の2019年3月頃でしたが、これが1年ずれて2020年3月、1万6358円で底を打った。ほぼ10年の日柄でした。

2008年9月のリーマンショックの影響を受けて2009年3月が7054円の大底、次にコロナショックを受けて2020年3月が1万

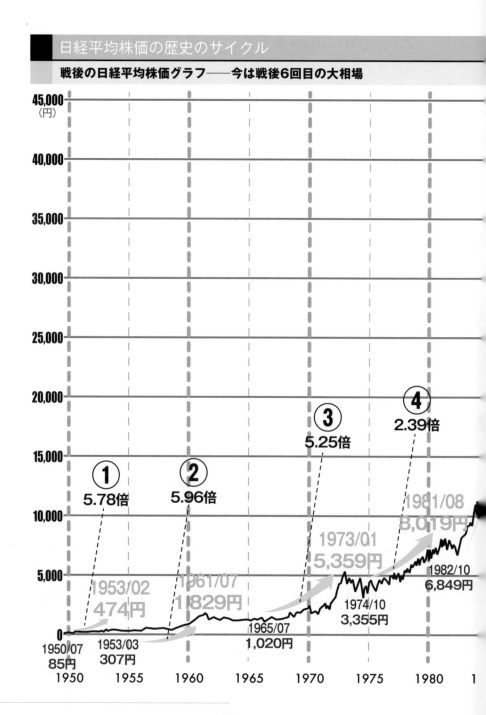

日経平均株価の歴史のサイクル

戦後の日経平均株価グラフ——今は戦後6回目の大相場

① 5.78倍

② 5.96倍

③ 5.25倍

④ 2.39倍

1950/07
85円

1953/03
307円

1953/02
474円

1961/07
1829円

1965/07
1,020円

1973/01
5,359円

1974/10
3,355円

1981/08
8,019円

1982/10
6,849円

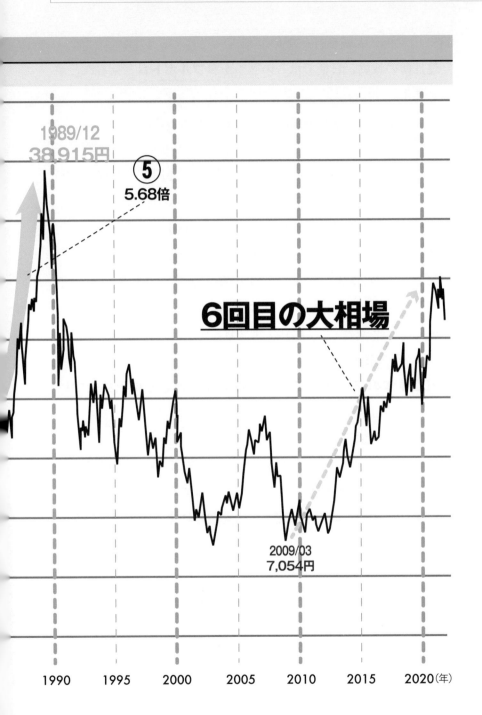

1989/12
38,915円

⑤
5.68倍

6回目の大相場

2009/03
7,054円

1990　1995　2000　2005　2010　2015　2020(年)

6358円で再び大底を打った。

　超長期の波動、日柄ではこの2つを**ダブルボトム**と見ることができます。

　ダブルボトムできれいに底入れ、大底が入った。

　長期の見通しを見れば、2009年3月の7054円が一番底。2020年3月の1万6358円が二番底と見れます。

　そして大天井は1989年12月の3万8915円。ここからどんどん下げて、約20年の日柄、波動で、20年後の2009年に7054円が底値。この2009年大底から約10年の日柄、波動で、2020年に1万6358円という底値をつけたのです。

　短期サイクルとしては2021年2月、9月に天井をつけているので、3年の日柄、波動ならば、

2024年の2～3月ごろ、もしくは9月ごろに天井をつける

と予測できる。

　しかし20年サイクルでは2028～2029年ごろに史上最高値、つまり短期サイクルでも、超長期サイクルでも

1989年の最高値3万8915円を取りに来るのではないか

ということです。

　2009年の7054円、2020年の1万6358円のダブルボトムは、今後の株価の行方を占う上で重要ポイントです。

　ダブルボトムは通常、株価のチャートがアルファベットのWの字形に似た波動で、強い波動、通常、弱い波動の3種類ありま

すが、このダブルボトムは強い波動の形なのです(96ページの「ダブルボトムの３つのパターン」参照)。これはいちばん強い形で底入れが入っている証拠です。

日経平均が新高値をつける日

　強い底入れを経たこの超長期波動は、もしかしたら20年、30年と上昇波動が続くことになる可能性すらあるでしょう。出発点の2009年からはじまってダブルボトムが入って上がってきている。問題はこの波動の、流れの行き着く先がどこか、です。

　2020年３月から数年後、つまり2025〜2029年ごろに超長期波動の高値を取りに来るのではないかと予想します。

日本の今回の上昇波動は最高値をつける

可能性がある。「ジャパン・アズ・ナンバーワン」といわれた日本株のこれまでの高値３万8915円を超えるのではないか。

　前回の最高値は、モノづくり大国日本の世界制覇を予感させる最高値でしたが、今回は違います。新たな「ジャパン・アズ・ナンバーワン」として最高値をつけるのではないか。その意味を考えるというのがこれからの相場の大テーマです。

　３万8915円という過去最高値を超えてどこまでいくか。

日経平均株価の超長期波動では、ダブルボトムで上昇気配

2009年に1番底、2020年に2番底

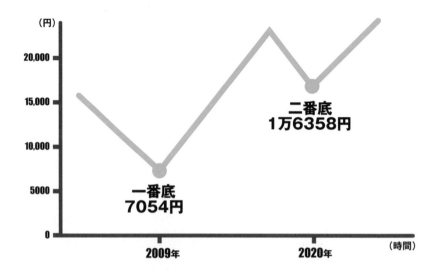

（円）

二番底
1万6358円

一番底
7054円

20,000
15,000
10,000
5000
0

2009年　　　　　2020年　　　（時間）

ダブルボトムの３つのパターン

ダブルボトムは、一番底、二番底のダブルボトムで上昇気流トレンドの出発点。②はもっともオーソドックスなW形、①は二番底の株価が最も高い、強い上昇気配。逆に③は①に比べて二番底の株価が一番底より低く、弱い上昇気配。

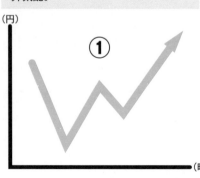

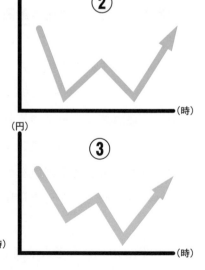

096

2009年の7054円が出発点で、戦後大相場の5回はほぼすべてが出発点から5倍以上になっています。7054円の5倍は3万5000円前後。戦後5回の大相場でいちばん上がった時は6倍だったので、6倍であれば4万2000円あたり。しかし私自身の波動論からは、

2028～2029年時点で、日経平均株価が8万円を目指す

展開になるのではないかと予想しています。

つまり前年の大阪万博が行なわれる2025年あたりにつける高値が、4万円近辺。

なので、

万博の頃に過去の史上最高値を奪回、もしくは突破して4万円前後になる可能性

があります。

リニア中央新幹線が大相場を牽引するか

2028～2029年、大型の経済イベントとしては、大阪、名古屋、東京を約1時間で結ぶJR東海のリニア中央新幹線開通という国家的プロジェクトがあります（2027年開業予定も静岡県の未着工で遅れる予定）。

全線開通すれば3大都市圏が一体化され、日本のGDPの6割を生む地域と人口7000万人、300兆円規模の経済圏がミックスされて爆発的な経済成長を生むかもしれません。

ここで大相場ということになるなら、波動の出発点は2020年、コロナ禍の1万6358円。ここからでしょう。

　前述のように超長期波動ではこの出発点から5倍の8万円があり得るのです。

　そして最終的には2028年か2029年に最高値をつける。

2028年、2029年ごろに起こるか⁉　ジャパン・アズ・ナンバーワン再び！

　確実性のあるひとつのシナリオは、最後発であった日本のDX、デジタル革命が欧米に追いつき、追い越すだろうということです。これは楽観シナリオ。

　日本には優秀な技術者が多いですが、賃金の停滞、企業の技術者不遇などで優秀な人材が海外に流出し、国内的には人手不足が続いています。ここが改良されれば日本のDX技術は格段に進化・発展するはずです。

そろそろ日本にもグーグルのような企業が誕生するかもしれない

　そういう予感がします。

　私は若手の起業家たちと会って食事を共にする機会を積極的に設けていますが、本当に感心するほど優秀な人が多いです。彼らが日本でDX・デジタル革命を成し遂げてくれるのではないか。実際に彼らと会って話をし、人となりを見て実感した私の率直な感想です。

優秀な人材が必ずここ数年のうちに表舞台に現れてくる。日本のDXを根本から変えてしまう。その予感こそが私の楽観シナリオの根拠です。

行政の抱える諸問題を一掃するデジタル庁

前回バブルの高値を奪回する条件は決まっています。

DX革命を前進させる何かが起こることです。

例えば2021年9月、菅義偉政権で発足させたデジタル庁のような、具体的なイベントが起こるはずです。

行政サービスの電子化の遅れを解消し、国と自治体との相互補完、互換性がまったくなかったシステムを取っ払い、マイナンバーカードの利便性を推進したデジタル庁創設は、起死回生の一発。日本の行政で先送りされていた諸問題が今後すべて一掃される流れができたのです。

さまざま報じられているように、今後の展開には山も谷もあるでしょう。

それでも、デジタル庁とともに設置されたデジタル社会推進会議では、デジタル社会形成のため、関係行政機関の相互の調整をすることで縦割り行政の弊害を解決しつつあります。

さらに具体的に、民間も含めすみずみまでシステム化されれば、かなり早い段階でさらなるデジタル化が進展するでしょう。

第3章

それがそのまま日本の株価に反映されるのではないでしょうか。

また長引くロシアのウクライナ侵攻についてですが、電撃的に来日し、広島サミットに参加したゼレンスキー大統領が、メディアとの会見で日本に対する期待について、注目すべき発言をしています。

「一番期待しているのは、やはり技術です。ウクライナの戦後復興というのが、ウクライナ人にとってはまだ命が続いているということのメッセージになります。それは即時のファスト・リカバリー・プランもそうですし、長期的なインフラ発展のプロジェクトも必要です。この分野における日本の経験が極めて重要であり、今日、総理とこの話をしてきました。エネルギー分野とグリーンエネルギー、鉄道開発、日本の技術が必要であり、医療分野などについてお互いに話し合って、お互いの理解を得ています」（原文ママ、2023年5月22日yahooオリジナルニュース　THE PAGE）

2023年5月22日、世界銀行、欧州委員会、国連が発表したウクライナの復興・復旧予算は、推計で4110億ドル（約54兆円）とされています。いずれにせよ、ウクライナの復興に日本がかかわることになれば、日本の内需拡大でさまざまな企業に恩恵が及び、株価を押し上げる好材料になることは間違いなでしょう。

株価の未来を知る
相場の読み方

―――――

スガシタ式経済指標分析

日経平均株価（中・長期）

2020年3月19日のコロナショックの安値 F1万6358円を起点に上昇開始。2020年3月からちょうど3年後の2023年3月までに底入れ、上昇第2波スタートか。

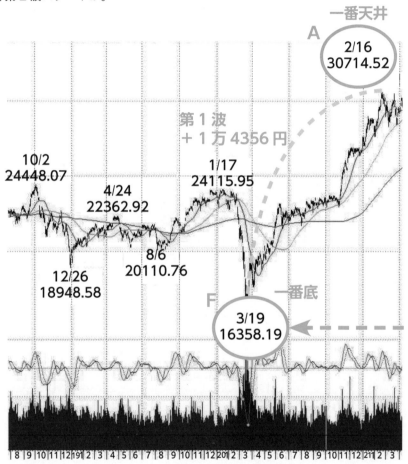

日足①

4月から新たな株高トレンド。2022年3月9日のEが出発点なら第2波目標値3万9000円近辺。2023年4月27日のIが出発点なら第2波目標値4万2000～4万3000円近辺。

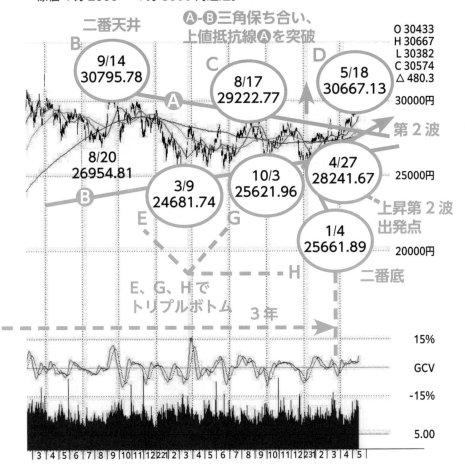

103

日経平均株価（短期）

4月27日の安値F2万8241円を起点に新たな上昇波動開始か。2万9000〜3万円のゾーンから3万〜3万1000円のゾーンに突入。床（フロア）3万円 壁3万1000円、3万1000円に上値抵抗線。

日足②

5月23日に3万1000円の壁を突破し、D3万1352円をつけて新高値更新。
3万1000～3万2000円のゾーンに入るか!?

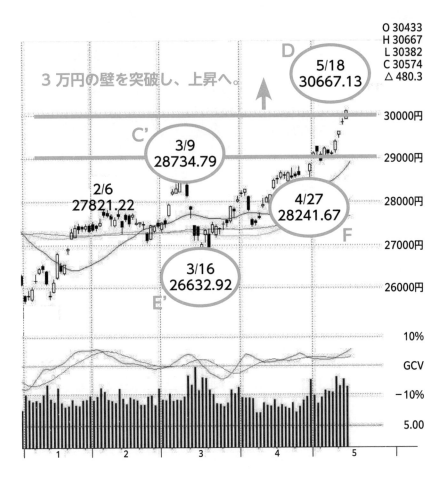

第3章

NYダウ（中・長期）

C、D、D' でトリプルトップで目先の天井形成。3月15日の安値Hに向かって落下すれば 二番底形成へ !?

A

1/5
36952.65

8/16
35631.19

5/10
35091.56

9/20
33613.03

6/18
33271.93

2/24
32272.64

G

2021 3月 5月 7月 9月 11月 2022 3月

NYダウ・日足①

NYダウ（短期）

3万4000ドルの壁で頭打ちとなって下落調整局面か。

A
8/16
34281.36

B
12/13
34712.28

3万4595ドル

9/12
32504.04

3万2573ドル

12/22
32573.43

D

+ 5935ドル

C
10/13
28660.94

8月　　15　　9月　　19　　10月　　11月　　15　　12月　　15　　2023

NYダウ・日足②

ナスダック（中・長期）

D、D' ダブルボトム底入れから反騰開始。
A → D 半値戻し近辺の C、1 万 3181 ポイントが当面の壁。
1 万 2000 ～ 1 万 4000 ポイントのゾーンに突入。

床（フロア）1 万 2000 ポイント、壁 1 万 4000 ポイント。1 万 2000 ポイントに下値支持線。上か下か。

第
3
章

ナスダック（短期）

1万2000ポイントの壁を突破できるか!? 1万1000〜1万2000ポイントのゾーンから1万2000〜1万3000ポイントのゾーンに突入。

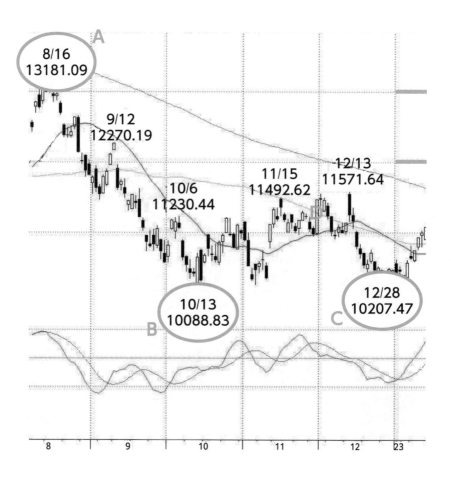

日足②

床（フロア）1万2000ポイント 壁1万3000ポイント 1万2000ポイントに下値支持線。上か下か。

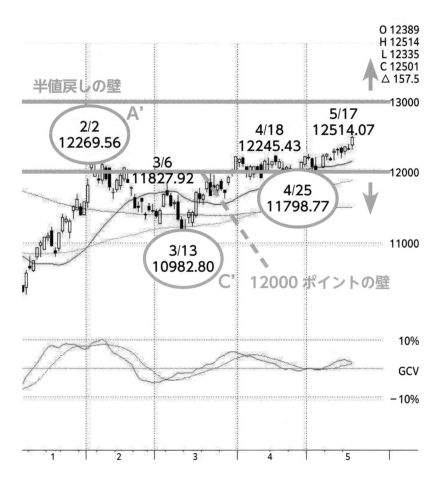

米国債10年物利回り（中・長期）

3〜4%のボックス相場。

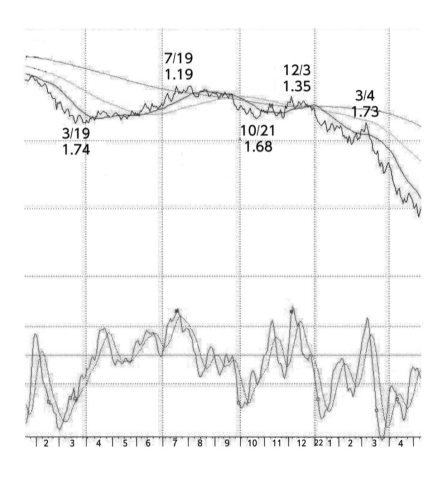

日足①

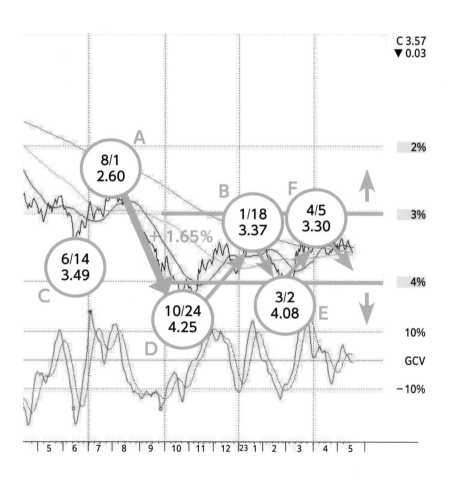

米国債10年物利回り（短期）

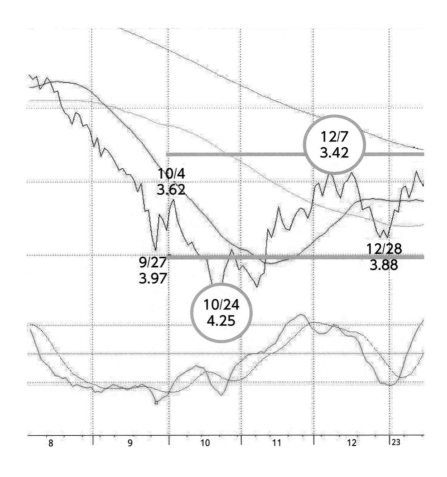

日足②

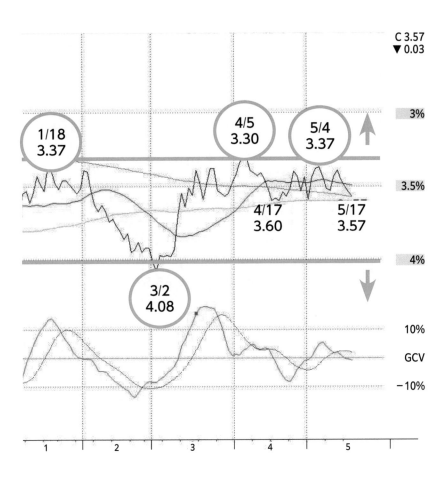

WTI 原油先物（中・長期）

2020 年 11 月の安値 33.64 ドルから A まで＋ 90.06 ドル。そこから半値押しの 80 ドル近辺を下回って下落トレンド。

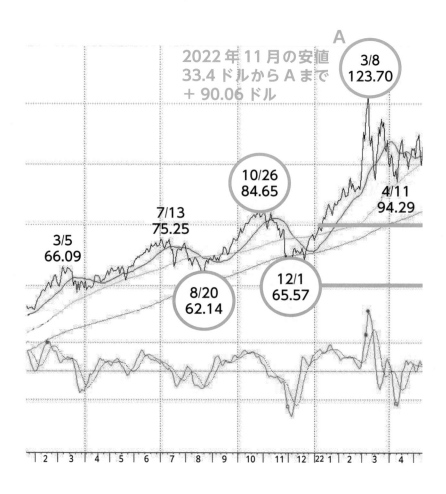

2022 年 11 月の安値 33.4 ドルから A まで＋ 90.06 ドル

A
3/8
123.70

10/26
84.65

4/11
94.29

7/13
75.25

3/5
66.09

12/1
65.57

8/20
62.14

日足①

3月17日にE66.74ドルをつけて安値更新。60～80ドルのゾーン。床（フロア）60ドル、壁80ドル。80ドルに上値抵抗線。

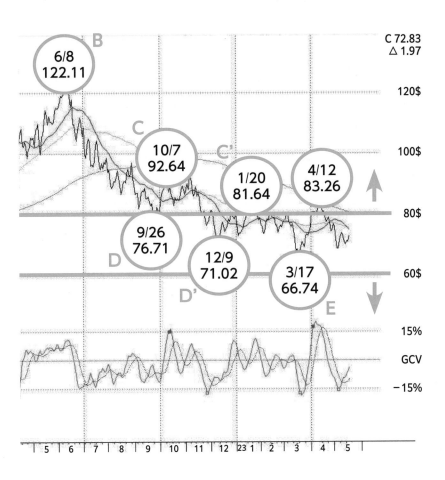

第
3
章

WTI原油先物（短期）

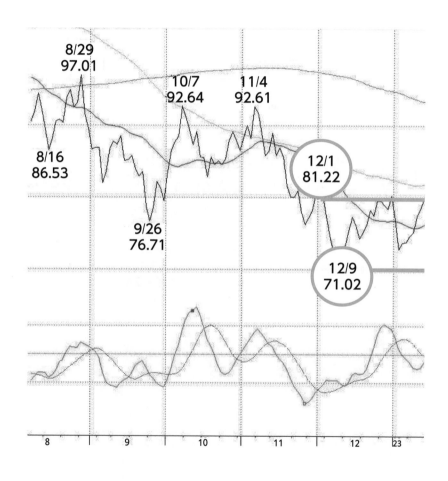

8/29
97.01

10/7
92.64

11/4
92.61

8/16
86.53

12/1
81.22

9/26
76.71

12/9
71.02

8　　　9　　　10　　　11　　　12　　23

日足②

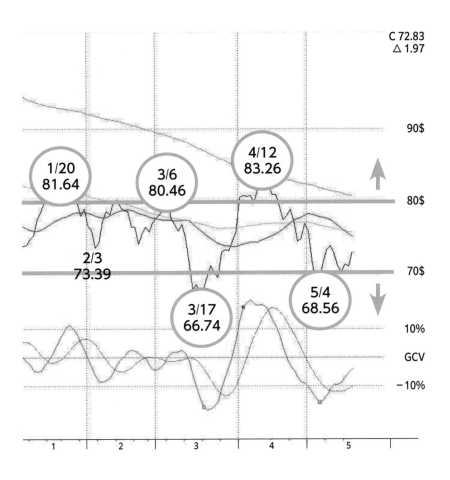

C 72.83
△ 1.97

NY金先物（中・長期）

A、A'ダブルトップで当面の天井形成か？　2000ドルの下値支持線を下回って下落トレンド。1900～2000ドルのゾーンに落下。

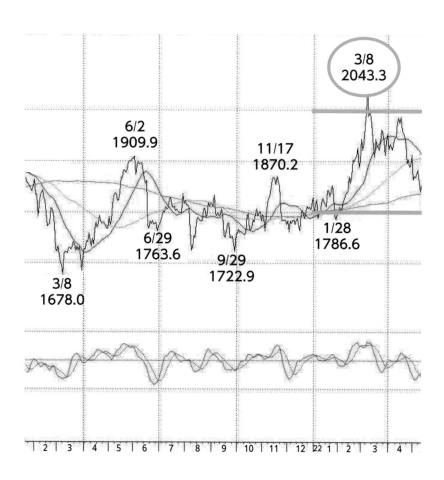

日足①

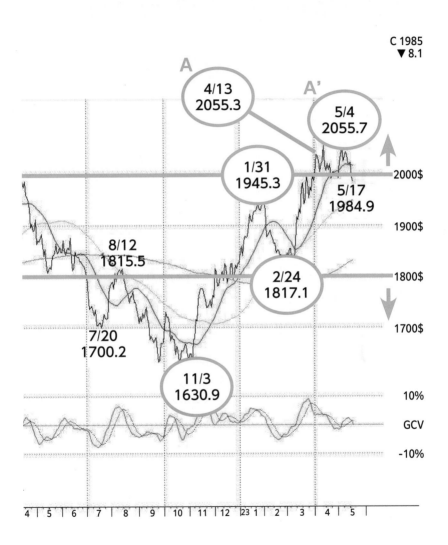

C 1985
▼ 8.1

A
4/13
2055.3

A'
5/4
2055.7

1/31
1945.3

5/17
1984.9

2000$

8/12
1815.5

2/24
1817.1

1900$

1800$

7/20
1700.2

1700$

11/3
1630.9

10%

GCV

-10%

4 5 6 7 8 9 10 11 12 23 1 2 3 4 5

第3章

NY金先物（短期）

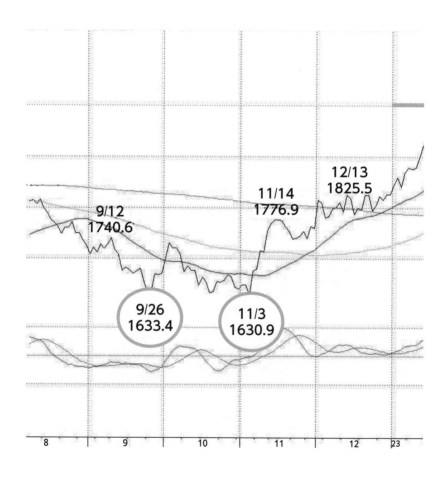

9/12
1740.6

11/14
1776.9

12/13
1825.5

9/26
1633.4

11/3
1630.9

8　　9　　10　　11　　12　　23

日足②

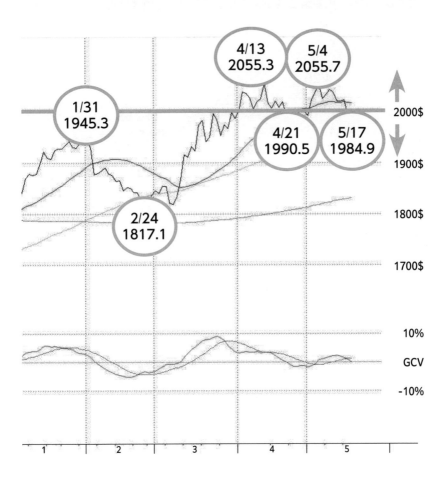

C 1985
▼ 8.1

4/13
2055.3

5/4
2055.7

1/31
1945.3

4/21
1990.5

5/17
1984.9

2/24
1817.1

2000$

1900$

1800$

1700$

10%

GCV

-10%

1　　2　　3　　4　　5

第3章

円・ドル（中・長期）

2021年1月6日の102円60銭から円安相場がスタート。2022年12月20日に日銀の0.5％への利上げがあって円急騰。1月6日の102円からC150円48銭の半値押しD127円台をつけて一番底形成。その後再び円安トレンドへ。円安第2波があるなら当面の目標値は2022年10月21

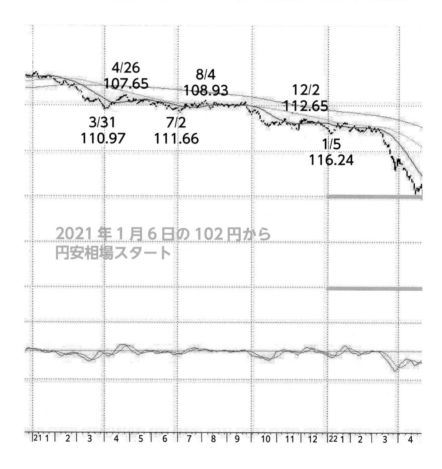

日足①

日の安値C150円前後。再び円高ならD127円台に対して二番底形成へ。
133～134円台は2021年1月6日の102円からC150円の3分の1
押し近辺。5月25日に再び1ドル140円台へ。

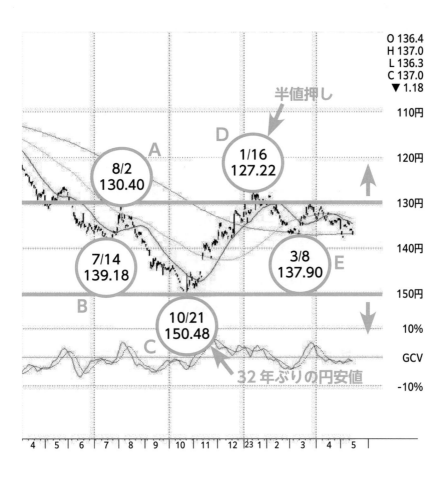

円・ドル（短期）

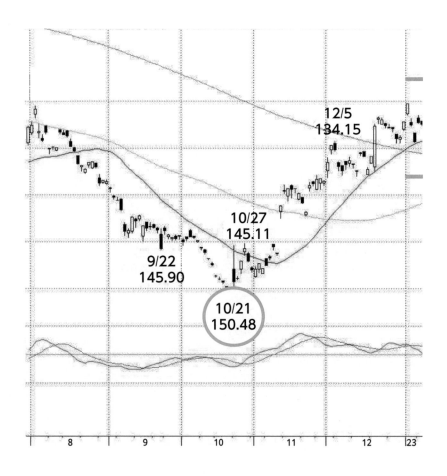

12/5
134.15

10/27
145.11

9/22
145.90

10/21
150.48

日足②

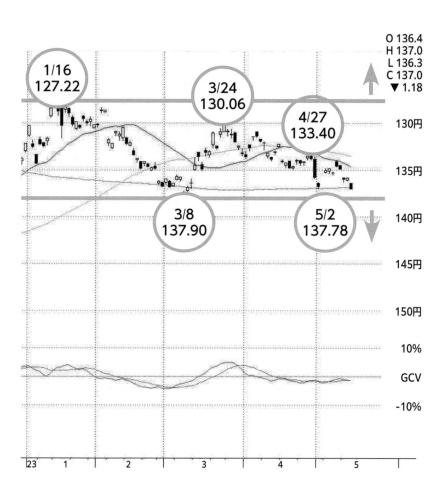

O 136.4
H 137.0
L 136.3
C 137.0
▼ 1.18

1/16
127.22

3/24
130.06

4/27
133.40

3/8
137.90

5/2
137.78

130円

135円

140円

145円

150円

10%

GCV

-10%

第3章

上海総合指数

A、B、C でトリプルトップ。
E、F ダブルボトム。
C 戻り高値。A → E 半値戻しの 3300 ポイント近辺が当面の壁で頭打ちと

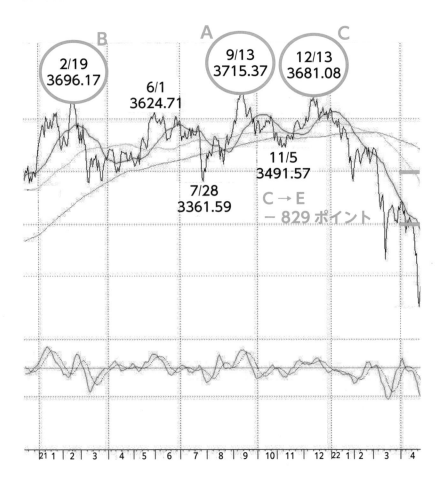

なって下落。3200〜3400ポイントのゾーン。床（フロア）3200ポイント、壁3400ポイント

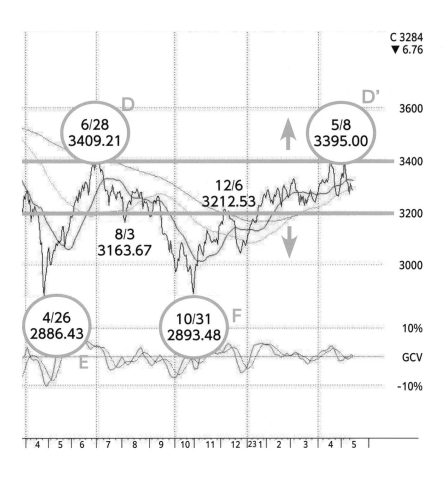

ビットコイン①

2022 年 3 月の A595 万 5555 円から、12 月 30 日の D215 万 6000 円まで、379 万 9555 円下落。半値戻しは 405 万 5777 円近辺。D、E ダブルボトムで B411 万円、C408 万円台と上昇している。

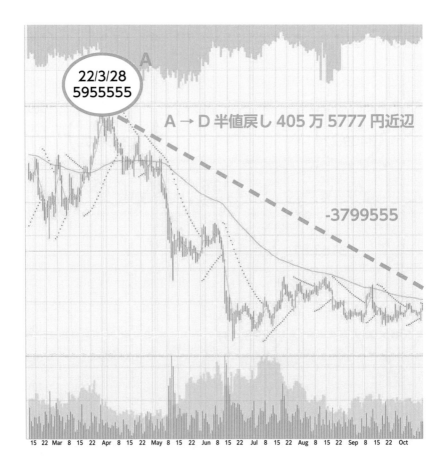

22/3/28
5955555

A → D 半値戻し 405 万 5777 円近辺

-3799555

15 22 Mar 8 15 22 Apr 8 15 22 May 8 15 22 Jun 8 15 22 Jul 8 15 22 Aug 8 15 22 Sep 8 15 22 Oct

現物・日足

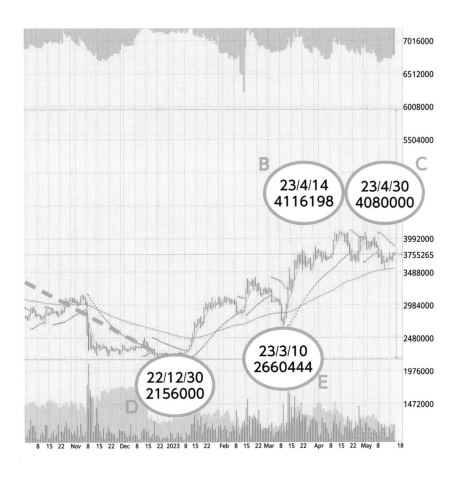

ビットコイン②

2021年10月765万円、11月779万円のダブルトップ後に下落トレンド。
当面の壁は400万円台。A779万円からD237万円まで下げ、半値戻しは
500万円台。400万円の壁を超えればここを目指す。

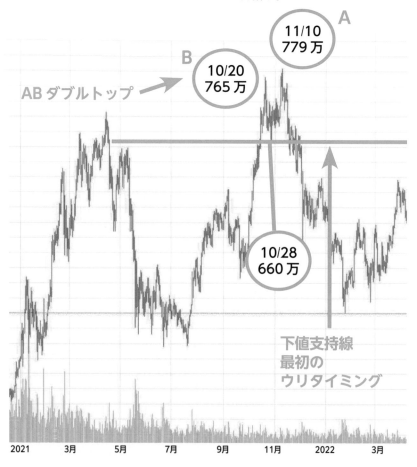

2年物日足

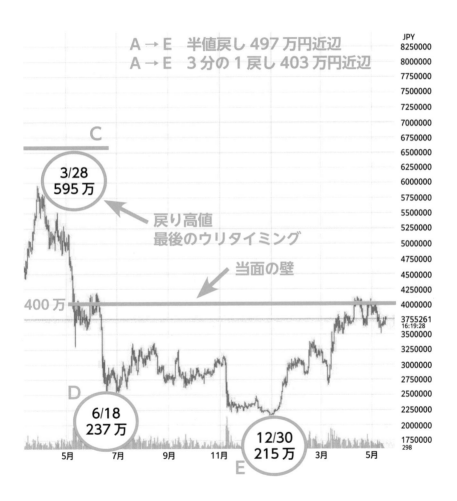

A → E　半値戻し497万円近辺
A → E　3分の1戻し403万円近辺

C

3/28
595万

戻り高値
最後のウリタイミング

当面の壁

400万

D

6/18
237万

12/30
215万

E

JPY
8250000
8000000
7750000
7500000
7250000
7000000
6750000
6500000
6250000
6000000
5750000
5500000
5250000
5000000
4750000
4500000
4250000
4000000
3755261
16:19:28
3500000
3250000
3000000
2750000
2500000
2250000
2000000
1750000
298

5月　7月　9月　11月　3月　5月

第3章

第4章

2023-2024
至極の黄金株 50 選

日足（短期）と週足（長期）で学ぶチャートレッスン

黄金株 50 のリスト
要注目の個別銘柄

・・・

東プ＝東証プライム
東ス＝東証スタンダード
東グ＝東証グロース

・・・

本章で取り上げる 50 の黄金株候補は、本文でも触れた通り、DX・デジタル革命・インバウンドなど、バリュー（割安株）、グロース（成長株）を問わず、今後の成長に大きく期待できる銘柄を集めました。

　それぞれの企業の特徴、波動から見た短期（日足）と長期（週足）のチャートレッスンという形で解説しています。参考にしてください。

	企　業　名	コード	市場
1	ニッスイ	1332	東プ
2	INPEX	1605	東プ
3	MIXI	2121	東プ
4	寿スピリッツ	2222	東プ
5	ディップ	2379	東プ
6	新日本科学	2395	東プ
7	ベネフィット・ワン	2412	東プ
8	双日	2768	東プ
9	ファーマフーズ	2929	東プ
10	ユーグレナ	2931	東プ
11	サンクゼール	2937	東グ
12	アンビション DX ホールディングス	3300	東グ
13	SHIFT	3697	東プ
14	ウェルス・マネジメント	3772	東ス
15	日本製紙	3863	東プ
16	三菱製紙	3864	東プ
17	Ubicom ホールディングス	3937	東プ
18	エルテス	3967	東グ
19	ユーザーローカル	3984	東プ
20	ヘッドウォータース	4011	東グ
21	ラキール	4074	東グ

第4章

22	Appier Group	4180	東プ
23	サスメド	4263	東グ
24	セーフィー	4375	東グ
25	AI CROSS	4476	東グ
26	サイバーセキュリティクラウド	4493	東グ
27	ロート製薬	4527	東プ
28	ユー・エス・エス	4732	東プ
29	セルソース	4880	東グ
30	出光興産	5019	東プ
31	アイズ	5242	東グ
32	Arent	5254	東グ
33	日本製鉄	5401	東プ
34	Ridge-i	5572	東グ
35	ベクトル	6058	東プ
36	メタリアル	6182	東グ
37	セガサミーホールディングス	6460	東プ
38	三菱電機	6503	東プ
39	ソシオネクスト	6526	東プ
40	レーザーテック	6920	東プ
41	三菱重工業	7011	東プ
42	みずほフィナンシャルグループ	8411	東プ
43	AZ－COM丸和ホールディングス	9090	東プ

44	日本郵船	9101	東プ
45	商船三井	9104	東プ
46	川崎汽船	9107	東プ
47	マイクロ波化学	9227	東グ
48	日本通信	9424	東プ
49	日本電信電話（NTT）	9432	東プ
50	KDDI	9433	東プ

第4章

（注）本章における株価とチャートの解説は、2023年5月中旬の情報がベースになっています。最新の株価とチャートについては、ご自身でお確かめください。

ニッスイ

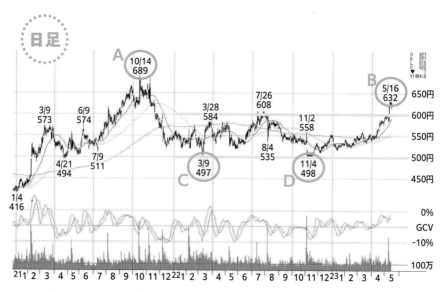

500〜600円の1年以上の長いボックス相場の壁
600円を突破して急伸
5月16日にB632円をつけて
2021年10月14日の天井A689円奪回にむかうか
600〜650円のゾーン
床(フロア)600円　壁650円

　110余年の歴史を誇る老舗企業。水産事業をはじめ食品事業やファインケミカル事業など幅広い事業を展開。今では世界中に約100社のグループ企業を有するまでに成長した。2022年12月「水産」という特定の事業を表現した「日本水産株式会社」の社名から、「株式会社ニッスイ」に社名変更。

東証プライム | 1332

株価は2023年5月中旬現在

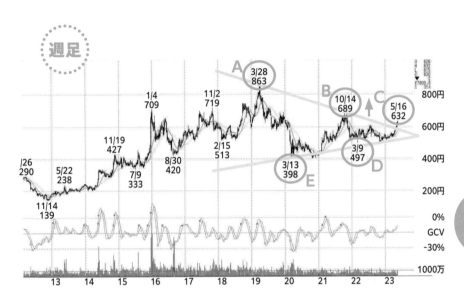

スガシタの眼・チャートの分析

日足

10月14日689円で600円台を突破。C、Dのダブルボトムを経て上昇トレンドへ。5月16日に632円（B）。この後Aを超えるか、600～650円台のゾーンになるか。

週足

A、Bの上値抵抗線、C、Dの下値支持線が収束して、典型的な三角保ち合いに。Cの632円はわずかに上値抵抗線を超えており、上昇へ向かう気配か。

INPEX

インペックス

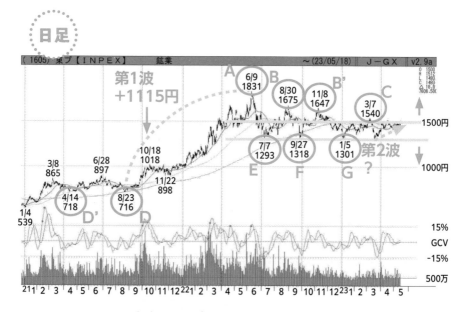

【1605/東プ【INPEX】 鉱業 ～(23/05/18) J-GX v2.9a

第1波
+1115円

A 6/9 1831　B 8/30 1675　11/8 1647 B'　C 3/7 1540

7/7 1293 E　9/27 1318 F　1/5 1301 G　第2波 ?

10/18 1018
11/22 898

3/8 865　6/28 897

4/14 718 D'　8/23 716 D

1/4 539

1500円
1000円

GCV 15% -15%
500万

2'11 2 3 4 5 6 7 8 9 10 11 12 2'21 2 3 4 5 6 7 8 9 10 11 12 2'31 2 3 4 5

A、BB'でダブルトップ
D→A半値押し近辺のE1293円に下値支持線
1500円に上値抵抗線　上か下か
上昇第2波あるなら目標値2400円近辺

　石油、天然ガス、その他の鉱物資源の調査、探鉱、開発、生産、販売とそれに付帯する関連事業、それらを行なう企業に対する投融資などを手掛ける。すでに水素・アンモニア、再生可能エネルギー、カーボンリサイクル、森林保全などの分野で、信頼される主要プレーヤーとしての地位を確立している。

東証プライム ｜ 1605

株価は2023年5月中旬現在

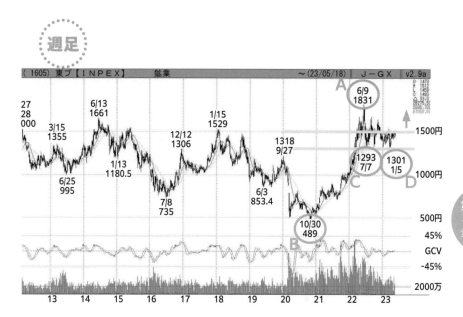

週足

(1605) 東ブ【INPEX】　鉱業　～(23/05/18)　J－GX　v2.9a

A 6/9 1831

27 28 000

3/15 1355

6/13 1661

1/13 1180.5

6/25 995

7/8 735

12/12 1306

1/15 1529

6/3 853.4

1318 9/27

1500円

C 1293 7/7　**D** 1301 1/5

1000円

B 10/30 489

500円

45%
GCV
-45%
2000万

13　14　15　16　17　18　19　20　21　22　23

第4章

スガシタの眼・チャートの分析

日足

Ｄ から Ａ へ上昇の第一波は 1115 円上げ。1500 円の上値抵抗線、1200 ～ 1300 円台の下値支持線、どっちへ動くか。

週足

Ｂ の 10 月 30 日で 489 円という大底を打った後、急騰。1831 円という高値をとった後 Ｃ、Ｄ でダブルボトム。しかし下げ幅は Ｂ → Ａ3 分の１押し近辺の 1200 ～ 1300 円台に留まっているので、再び Ａ へ向かうか。

ミクシィ
MIXI

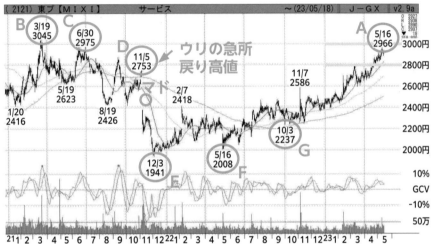

B、Cダブルトップで天井形成
その後下にマドをあけて大幅下落
E、F、Gトリプルボトム底入れから上昇開始
2800〜3000円のゾーンに突入

　家族向けフォトブック作成サービスの提供、スマホゲームアプリ「モンスターストライク」、家族向け写真・動画共有アプリ「家族アルバム みてね」、競輪車券（勝者投票券）のインターネット投票サービス提供、スポーツ観戦ができるお店を検索するサービスなどで有名な企業。

東証プライム ｜ 2121

株価は2023年5月中旬現在

第４章

スガシタの眼・チャートの分析

日足

E、F、Gのトリプルボトム後、B、C、Dの高値近辺に上昇。2800 ～ 3000円台からAの2966円。C、Dの高値圏に。

週足

B、Aのダブルトップ後に下降。E、Fの下値支持線、C、Dの上値抵抗線の間で上昇気配か。B、Aの高値圏を狙いに行くか。

寿スピリッツ

(2222) 東プ【寿スピリッツ】　食品　　　　　　　　　　〜(23/05/18)　J-GX　v2.9a

+5790円

A
4/25
10290

5/17
10710

2/3
9390

3/17
7920

6/9
8150

11/1
7800

10/12
8640

5/11
9610

E

6/8
7790

1/12
4985

5/14
5860

8/17
6150

12/21
7080

D

7/15
5830

1/27
4500

B

C

10000円
8000円
6000円

15%
GCV
-15%
10万

5月17日にA'1万710円をつけて新高値更新
8000〜1万円のゾーンから1万〜1万2000円のゾーンに突入
床(フロア)1万円　壁1万2000円
B→C→D→Eと下値切り上げ型の上昇トレンド

「プレミアム・ギフトスイーツ」のさらなる美味しさの追求、品質の向上をはかり、売場の徹底拡大、販売力の徹底強化、年間イベント対策による需要喚起、インバウンド復活に向けた準備などの重点施策を推進。コロナ関連の危機を見事に乗り越え、業績にも勢い。お菓子の総合プロデューサーとして躍進。

東証プライム｜2222

株価は2023年5月中旬現在

週足

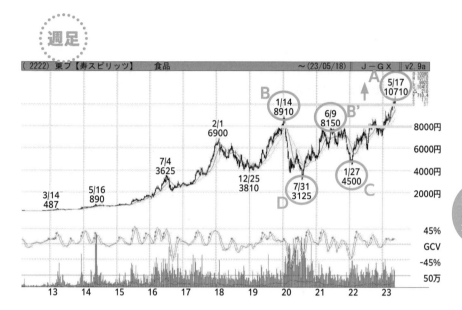

（2222）東プ【寿スピリッツ】　食品　　　　　　　　　～（23/05/18）　J－GX　v2.9a

スガシタの眼・チャートの分析

日足

4500円、5830円、7080円、9610円と下値切り上げ型の上昇トレンド。5月17日の1万710円で新高値更新。

週足

Bの8910円、B'の8150円とダブルトップで高値をつけた後、定石通りに下降トレンドへ。C、Dダブルボトムの底入れから上昇開始。5月17日にA1万710円をつけて1万～1万2000円のゾーンに突入。

149

ディップ

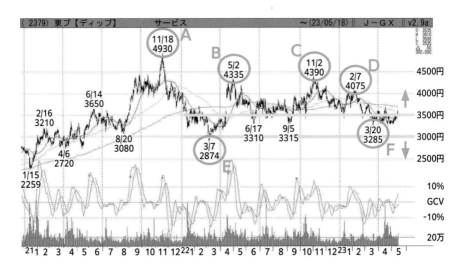

(2379) 東プ【ディップ】 サービス ～(23/05/18) J-GX v2.9a

A 11/18 4930
B 5/2 4335
C 11/2 4390
D 2/7 4075

6/14 3650
2/16 3210
8/20 3080
4/6 2720
1/15 2259
6/17 3310
9/5 3315
3/20 3285
3/7 2874
E
F

4500円
4000円
3500円
3000円
2500円

10%
GCV
-10%
20万

2 '21 2 3 4 5 6 7 8 9 10 11 12 '22 1 2 3 4 5 6 7 8 9 10 11 12 '23 1 2 3 4 5

3000～3500円の
ボックス相場上か下か

　ローソンと提携、店頭端末「Loppi」を利用した派遣会社の仕事情報提供サービスを開始。コンビニ端末とインターネットを融合、すべての人が仕事を探しやすいサービス業に成功した。求職者に必要な情報を届ける「はたらこねっと」に、アルバイト求人情報を加えた「バイトル」も成功。

東証プライム | 2379

株価は2023年5月中旬現在

週足

第4章

スガシタの眼・チャートの分析

日足

3月7日の2874円のEから株価は、B、C、Dと戻り高値をつけて3000～3500円のゾーンに落下、この後3500円を超えるか。超えればAの4930円が当面の目標。

週足

3000～4000円台で動くも3000円の下値支持線を下回らず、むしろC、Bの上値に接近する気配。上へ出るか!?

151

新日本科学

A、Bダブルトップで反落
E、Fダブルボトムで底入れとなるか!?
E、Fに下値支持線
3000円に上値抵抗線

　医薬品開発試験の全ステージを受託できる国内唯一の企業グループ。大学研究者、バイオベンチャーへの資本参加による資金援助や、研究サポートを通じた協働関係で新領域にも積極的に取り組んでいる。支援した多くのバイオベンチャーが国内外で株式上場に成功している。

東証プライム | 2395

株価は2023年5月中旬現在

週足

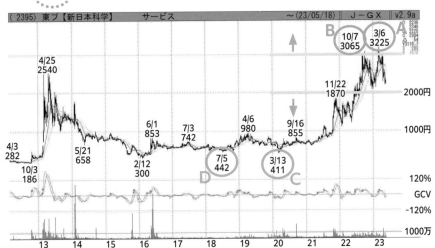

第4章

スガシタの眼・チャートの分析

日足

C、Dでダブルボトム後、B、Aのダブルトップで下落トレンドへ。E、Fでダブルボトムとなるかどうか。FはEを下回っていないので、上昇気配も。

週足

C、Dでダブルボトム後、急騰。2000～3000円台のボックスで、上へ出るか下に出るか。B、Aでダブルトップなら下降トレンドか。

ベネフィット・ワン

日足

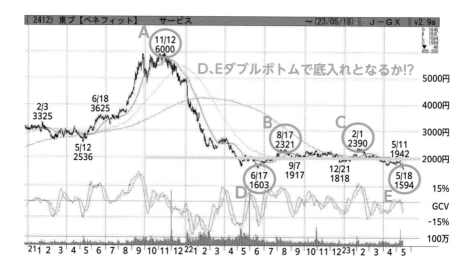

ベネフィット・ステーションは、企業が従業員の満足度を向上させ、健康経営、スキルアップを促進できる福利厚生サービス。グルメやレジャー、ショッピング、eラーニングや介護・引っ越しなどライフイベントにかかわるすべてで、幅広いメニューを取りそろえていると好評。導入している企業は1万6000社。

東証プライム ｜ 2412

株価は2023年5月中旬現在

週足

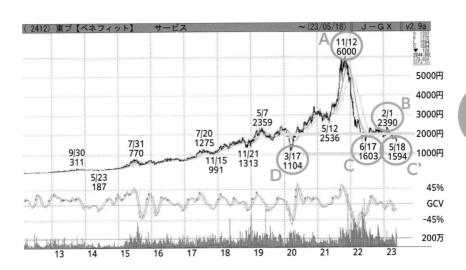

(2412) 東ブ【ベネフィット】　　サービス　　　～(23/05/18)　J－GX　v2.9a

A　11/12　6000
B　2/1　2390
5/7　2359
7/20　1275
5/12　2536
7/31　770
11/21　1313
9/30　311
11/15　991
3/17　1104
6/17　1603
5/18　1594
5/23　187
D　　C　C'
5000円
4000円
3000円
2000円
1000円
45%
GCV
-45%
200万

13　14　15　16　17　18　19　20　21　22　23

スガシタの眼・チャートの分析

日足

Aの6000円という高値後、下降。B、Cでダブルトップも、D、Eがダブルボトムならば反転気配。2000円ラインの上に出るか下に出るか。

週足

1000～2000円のゾーンで、底値形成期。

第4章

155

双日

日足

(276δ [双日])　　　　　　商社　　　　　　　　　～(23/05/18)　J－GX　v2.9a

第1波
+829円

A,Bダブルトップで押し目
2800～3000円のゾーン
床(フロア)2800円　壁3000円
2800円に下値支持線
上昇第2波あるなら目標値3600円近辺

　ニチメン株式会社、日商岩井株式会社をルーツに持ち、160年以上にわたり多くの国と地域の発展を、ビジネスという側面からサポートしてきた企業。現在も国内外約400社の連結対象会社とともに、世界中に事業展開している総合商社。国内外でさまざまな製品の製造、販売、輸出入、サービス提供、投資を手掛ける。

東証プライム | 2768

株価は2023年5月中旬現在

週足

(2768) 東プ【双日】　　　　商社　　　　　　　　　　～(23/05/18) ‖ J－GX ‖ v2.9a

A 4/14 2905

B 2/14 2170

5/28 1645

12/12 1520

5/22 1240

10/17 750

10/15 475

2/12 960 D

7/31 1105 C

2500円
2000円
1500円
1000円
500円

30%
GCV
-30%

1000万

13　14　15　16　17　18　19　20　21　22　23

スガシタの眼・チャートの分析

日足

C、DからB、Aへ上昇第一波も、押し目が入ってE、F。直近、株価はEまで下がらずF近辺なので上昇第二波あるか。

週足

D、Cでダブルボトム。直近高値Bを超えて上昇中。2500～3000円台のボックスで上に出るか下に出るか。3000円の壁を超えるか。

第4章

ファーマフーズ

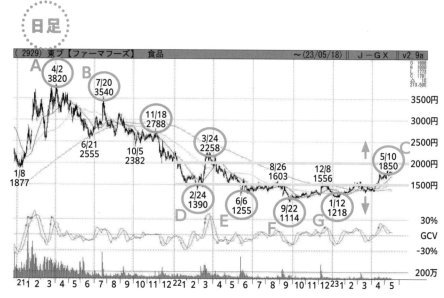

A、Bダブルトップで天井形成
その後大幅下落
D、E、F、G底入れから上昇開始
1500〜2000円のゾーン
上か下か

「医」（Pharmaceutical）と「食」（Foods）の融合「ファーマフーズ」を目指し、健康維持と生活の質に役立つ機能を明確に持った食品素材を創造している。卵、牛乳、緑茶、米、乳酸菌など、身近な素材から、「免疫」「老化」「神経」に機能する成分の探索を行って、健康と長寿に役立つ素材を開発中。

東証プライム ｜ 2929

株価は2023年5月中旬現在

週足

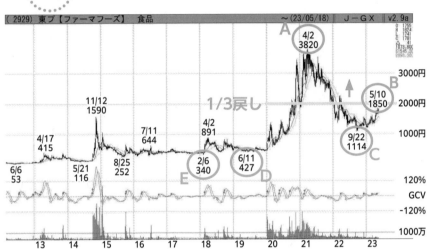

（2929）東プ【ファーマフーズ】食品　　　　　　　　　　　　　〜（23/05/18）　J−GX　v2.9a

A 4/2 3820

B 5/10 1850

3000円

1/3戻し

11/12 1590

2000円

4/2 891

7/11 644

9/22 1114

C

1000円

4/17 415

8/25 252

2/6 340

6/11 427

D

E

6/6 53

5/21 116

120%

GCV

-120%

1000万

13　14　15　16　17　18　19　20　21　22　23

スガシタの眼・チャートの分析

日足

1500〜2000円ゾーンで、直近高値の3月24日2258円を目指すか。Fの1114円、Gの1218円でダブルボトムから、上に出るか。

週足

E、Dでダブルボトムの底入れ後、大幅上昇。高値Aの3820円後、大幅下落。9月22日のC1114円で当面の底入れ。反騰開始となるか!?　2000円の壁を超えるか。

ユーグレナ

A、B、Cトリプルトップで天井形成その後急落
2022年1月19日の安値639円で底入れして上昇開始
800〜1000円のボックス相場

　栄養豊富な藻類ユーグレナの研究にかかわり、ユーグレナの食品化、大規模培養プラントの建設による二酸化炭素固定、バイオ燃料等の製造などを手掛ける。起業から10年以上経ち、先進国における食品販売、バングラデシュにおける栄養改善プログラムの実施、バイオ燃料プラントの建設などで着実に成果を挙げている。

東証プライム ｜ 2931

株価は2023年5月中旬現在

週足

(2931) ユーグ【ユーグレナ】　　食品　　　　　　　　　　　　～(23/05/18)　J－GX　v2.9a

A 5/1 3302
B 2/23 2177
4/11 918
8/25 1250
1/19 1098
C 7/22 1150
D 3/16 1295
E 8/23 1060
12/25 518
3/17 498
1/19 639
F　G　H
12/21 148

3000円
2000円
1000円
120%
GCV
-120%
2000万

13　14　15　16　17　18　19　20　21　22　23

第4章

スガシタの眼・チャートの分析

日足

A、B、Cでトリプルトップ。その後定石通りの下降トレンド。その後、反転上昇して800～1000円のゾーン。

週足

C、D、Eの上値抵抗線、F、G、Hの下値支持線の長いボックス相場が続いている。上か、下か。

サンクゼール

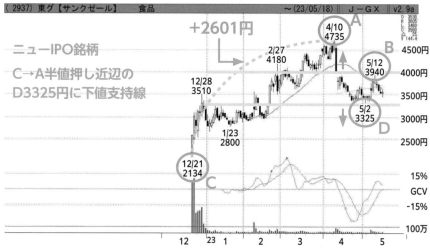

ニューIPO銘柄

C→A半値押し近辺の
D3325円に下値支持線

+2601円

(2937) 東グ【サンクゼール】　食品　　　　　　　　　　～(23/05/18)　J－GX　v2.9a

4/10
4735　A

2/27
4180

5/12
3940　B

12/28
3510

4500円
4000円
3500円
3000円
2500円

1/23
2800

5/2
3325　D

12/21
2134　C

15%
GCV
-15%
100万

12　23　1　2　3　4　5

　ジャム・ワインなどの製造販売、ワイナリー、レストラン、売店の直営、フランチャイズ展開を手掛ける。展開ブランドはSt.Cousair（サンクゼール）、久世福商店。またオンラインマーケットプレイス「旅する久世福e商店」も有名。全国に約150店舗を構え、ネットショップも好調。

東証グロース　｜　2937

株価は2023年5月中旬現在

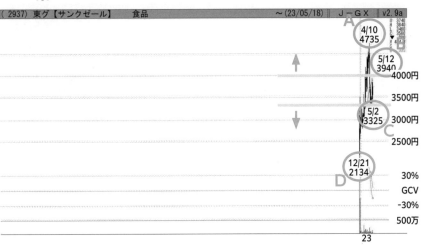

（2937）東グ【サンクゼール】　食品　　　　　～（23/05/18）‖ J－GX ‖ v2.9a

4/10
4735

5/12
3940

4000円

3500円

5/2
3325

3000円
2500円

12/21
2134

30%
GCV
-30%
500万

23

第4章

スガシタの眼・チャートの分析

日足

CからAへ2601円上昇。Aの後下がるも、2601円の半値押しは3400円台。

週足

Dの2134円から上昇。Cの3325円、Bの3940円のゾーンで推移。Cの3325円より下がらなければ株価強い。

アンビションDXホールディングス

日足

（ 3300）東グ【アンビションD】 不動産 ～（23/05/18）‖ J－GX ‖ v2.9a

第1波
＋221円

A 5/18 831

800円

C 3/9 745 B 4/12 743

8/26 630

10/19 582 11/14 576 12/20 600 1/26 605

8/20 666 4/26 688 第2波

700円

F G

600円

8/3 525 10/3 526 11/22 540 12/28 524

D E

10%
GCV
-10%
10万

8 9 10 11 12 '23 1 2 3 4 5

B、Cダブルトップを上抜いてA831円をつけて新高値更新
700～800円のゾーンから800～900円のゾーンに入るか!?
上昇第2波目標値900円近辺

　不動産所有のオーナーの収益管理、物件管理の負荷をＤＸで削減。部屋を探す人には店舗に行かずとも直接物件を借りることができるセルフ内見を実現。入居者には非対面での契約手続き、賃貸更新を電子マネー決済で支払い可能にした。不動産ビジネスを変革している。

東証グロース | 3300

株価は令和5年00月00日現在

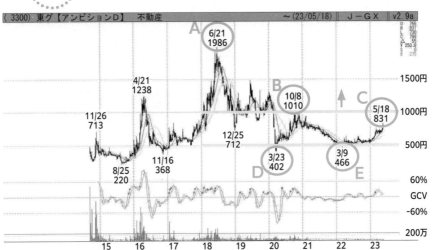

(3300) 東グ【アンビションD】 不動産 〜(23/05/18) J-GX v2.9a

A 6/21 1986

4/21 1238

B 10/8 1010

C 5/18 831

11/26 713

12/25 712

3/23 402

3/9 466

8/25 220

11/16 368

D E

1500円
1000円
500円

60%
GCV
-60%
200万

15 16 17 18 19 20 21 22 23

第4章

スガシタの眼・チャートの分析

日足

D、Eのダブルボトム後、上昇。C、Bでダブルトップ後に、下降トレンドも、F、Gダブルボトムから上昇開始。C、Bのダブルトップを突破して上昇トレンド。

週足

D、Eでダブルボトム。EはDを下回らないので強い形。その後、上昇開始。ボックスの壁1000円を突破できるか!?

SHIFT
シフト

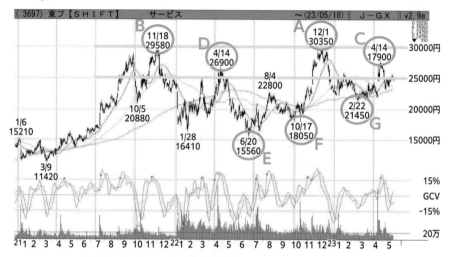

（3697）東プ【SHIFT】　サービス　　　　　　　　　　　～（23/05/18）　J－GX　v2.9a

A、Bダブルトップで天井形成
E、F、Gトリプルボトム底入れから上昇開始
2万5000～3万円のゾーン
床（フロア）2万5000円　壁3万円

　ソフトウェアの品質保証に関するテスト専門会社。合格率6％
の超難関適正試験に合格した人材のみ採用し、不具合データ100
万件、テストケース6000万件のデータ、知識を活用したテスト
が好評だ。6000名以上のエンジニアが所属し、国内最大級の規
模を誇る。最短1週間でプロジェクト開始も大きな強みに。

東証プライム | 3697

株価は2023年5月中旬現在

週足

（3697) 東プ【SHIFT】　サービス　　　　　～(23/05/18)　J－GX | v2.9a

第 4 章

スガシタの眼・チャートの分析

日足

E、F、Gでトリプルボトム。底入れから上昇開始。

週足

Eの3130円からBの2万9580円まで上昇。DCのラインはトリプルボトムで尻上がりの強い形。上昇第2波があるか。

ウェルス・マネジメント

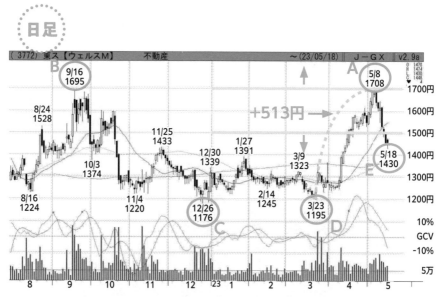

(3772) 東ス【ウェルスM】　　不動産　　　　　　　　　〜(23/05/18)　J−GX　v2.9a

A、Bダブルトップで反落
D→A3分の1押し近辺の下値支持線1500円を下回って
1400〜1500円のゾーンに落下
床(フロア)1400円　壁1500円
D→A半値押しは直近の安値E1430円近辺

　不動産金融事業、ホテル運営事業を手掛ける。事業用不動産に集中投資。ホテル・旅館の再生、開発に強みを持つ不動産総合デベロッパー。国際的なブランドを持つホテルオペレーターとのタイアップ、国内外の投資家とのつながりによる「物件に応じた最適な資産価値向上のプランニング」が最大の特徴。

東証スタンダード | 3772

株価は2023年5月中旬現在

週足

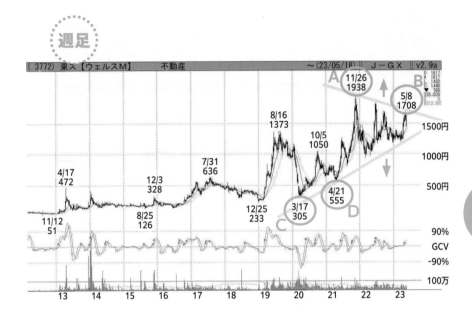

(3772) 東ス【ウェルスM】　　不動産　　　　　　　　　　　〜(23/05/18) 　J−GX 　v2.9a

A 11/26 1938　　　B 5/8 1708

8/16 1373

10/5 1050

7/31 636

4/17 472

12/3 328

11/12 51

8/25 126

12/25 233

3/17 305 C

4/21 555 D

1500円
1000円
500円
90%
GCV
-90%
100万

13　14　15　16　17　18　19　20　21　22　23

第4章

スガシタの眼・チャートの分析

日足

C、Dでダブルボトム後、急上昇。5月8日にA1708円をつけて新高値更新。その後、押し目。

週足

尻上がりのC、Dのダブルボトムの下値支持線と、A、Bの上値抵抗線がつくる三角保ち合い。上に出るか下に出るか。5月8日にB1708円をつけて、トレンドラインを突破するか!?

日本製紙

日足

1000〜1100円のゾーンから
1100〜1200円のゾーンに突入
C→D→E→Fと下値切り上げ型の上昇トレンド

　さまざまな情報を載せて届ける紙。伝えるという紙の機能を追
求した製品を安定供給。日本国内に約400ヵ所、約9万ヘクター
ルの社有林を保有。自分たちで森林を保全し、取得した森林認証
を維持しながら、環境と社会に配慮した持続可能な森林経営に努
めている。サステナビリティ経営のモデルとなる企業。

東証プライム ｜ 3863

株価は2023年5月中旬現在

週足

(3863) 東プ【日本製紙】　　パルプ・紙　　　　～(23/05/18)　J－GX　v2.9a

A→E1/3戻し1400円近辺

第４章

スガシタの眼・チャートの分析

日足	週足
C、D、E、Fと尻上がりの上昇トレンド。直近高値のB1109円を超えたAの1165円。1100～1200円ゾーン突入で、今後に期待。	A、Bでダブルトップ後に下降トレンド。Eの846円を底値に、反騰開始か。3分の1戻し近辺の1400円が当面の壁。

三菱製紙

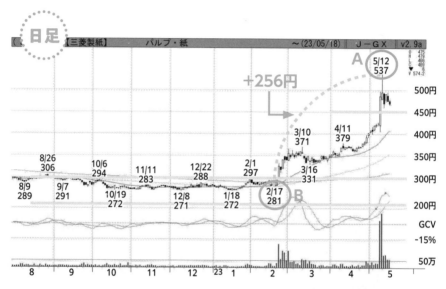

日足 【三菱製紙】　パルプ・紙　　　　　〜(23/05/18)　J－GX　v2.9a

A 5/12 537

+256円

8/9 289
8/26 306
9/7 291
10/6 294
10/19 272
11/11 283
12/8 271
12/22 288
1/18 272
2/1 297
2/17 281 B
3/10 371
3/16 331
4/11 379

GCV
-15%
50万

200〜300円の長いボックス相場の壁300円を突破して上昇開始
直近大陽線出現して、5月12日にA537円をつけて新高値更新
その後押し目
450〜500円のゾーン　床(フロア)450円　壁500円
450円に下値支持線

　1898年創業で120年以上続く名門。森林認証紙や脱プラ・減プラに貢献する製品を販売。環境に貢献できる新商品の開発・提供、脱炭素社会・カーボンニュートラルの実現に向け取り組んでいる。主力事業の印刷・出版・写真などでは、徹底的なコストダウンによるキャッシュフローの最大化を図っている。

東証プライム | 3864

株価は2023年5月中旬現在

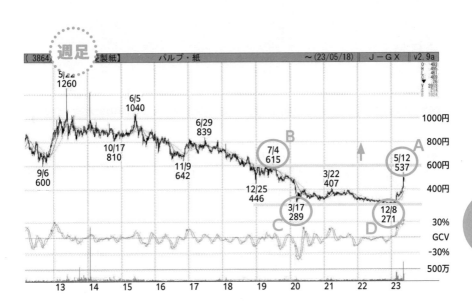

週足

［ 3864　　　製紙】　　　　パルプ・紙　　　　　～(23/05/18)　J－GX　v2.9a

5/22
1260

6/5
1040

9/6
600

10/17
810

11/9
642

6/29
839

7/4
615

12/25
446

3/17
289

3/22
407

B

C

A

5/12
537

12/8
271

D

1000円
800円
600円
400円
30%
GCV
-30%
500万

13　14　15　16　17　18　19　20　21　22　23

第4章

スガシタの眼・チャートの分析

日足

Bの281円からAの537円へ、プラス256円。B→A、3分の1押しの450円近辺が安値メド。

週足

C、Dのダブルボトムから上昇開始。ボックスの壁600円近辺を突破できるか!?

Ubicom ホールディングス

日足

2000〜2500円のボックス相場の下値支持線を下回って
1500〜2000円のゾーンに落下
D、Eダブルボトムで底入れとなるか!?

　主に医療、金融、自動車・ロボティクス領域におけるデジタル
トランスフォーメーションの支援、最先端技術を活用した唯一無
二のソリューションサービスの開発、提供を手掛ける。2012年
にグループ化したメディカル事業は、医療機関の経営支援など、
盤石な高収益ビジネスモデルを積み上げている。

東証プライム ｜ 3937

株価は2023年5月中旬現在

 週足

スガシタの眼・チャートの分析

日足

1年以上続くボックス相場から、落下。
E、Dダブルボトムで底入れとなるか。

週足

A、Bのダブルトップ後に下落。D、
Eのダブルボトムで底入れとなれば、
反転上昇も。

175

エルテス

A→D半値戻し近辺の
C1074円に上値抵抗線
800円に下値支持線

　リスク検知に特化したビッグデータ解析によるソリューション
を提供。企業のデジタルリスクを守る支援サービスを展開してい
る。SNSやブログ、インターネット掲示板などのリスク対策、
情報持ち出しなどの内部不正を検知する内部脅威検知サービスに
は定評がある。

東証グロース｜3967

株価は2023年5月中旬現在

週足

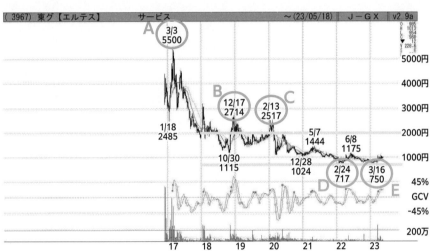

（ 3967）東グ【エルテス】　　サービス　　　　　　　〜(23/05/18)　J-GX　v2.9a

スガシタの眼・チャートの分析

日足

AからDまで約700円下げ。半値戻しはB、Cでダブルトップとなるか!?

週足

B、Cのダブルトップ後に下落トレンド。D、Eでダブルボトムなら上昇気配か。

177

ユーザーローカル

日足

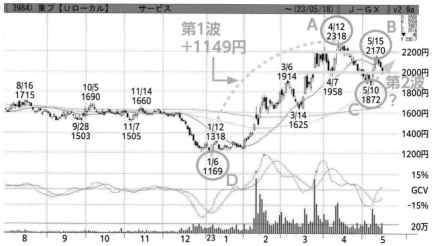

(3984) 東プ【Uローカル】　　　サービス　　　　　　　　〜(23/05/18)　J-GX　v2.9a

第1波
+1149円

A　4/12 2318
B
5/15 2170
3/6 1914
4/7 1958
第2波
?
5/10 1872
C
8/16 1715
10/5 1690
11/14 1660
9/28 1503
11/7 1505
1/12 1318
3/14 1625
1/6 1169
D

2200円
2000円
1800円
1600円
1400円
1200円

15%
GCV
-15%
20万

8　9　10　11　12　'23 1　2　3　4　5

上昇第2波あるなら
目標値3000円近辺

デジタルデータが爆発的に増えている現在、サイト制作者、マーケティング担当者にとって情報の取捨選択が重要。ビッグデータ、AI（人工知能）など最新の技術を駆使して、顧客がデータ分析に時間を取られず、デザインやキャッチコピー等の変更を行なえるよう、解決策を導き出せる製品を開発。

東証プライム　｜　3984

株価は2023年5月中旬現在

スガシタの眼・チャートの分析

日足

DからAへ上昇の第1波はプラス1149円。Aから半値押しは1700円近辺。Cから再び上昇第2波があるか。

週足

H、G、Fのトリプルボトム後に上昇トレンド。B近辺のダブルトップ後に下落、B、Cダブルトップ後に再び下落。Eの1169円で底入れ後、反転上昇。

ヘッドウォータース

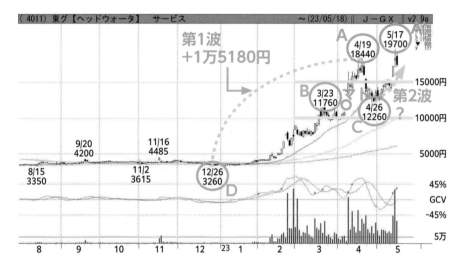

（ 4011）東グ【ヘッドウォータ】 サービス 〜(23/05/18) J－GX v2 9a

第1波
＋1万5180円

A
4/19
18440

5/17
19700

B
3/23
11760

第2波
？

C
4/26
12260

15000円

10000円

5000円

9/20
4200

11/16
4485

8/15
3350

11/2
3615

12/26
3260

D

45%
GCV
-45%

5万

8　9　10　11　12 ʼ23 1　2　3　4　5

上昇第2波あるなら
目標値2万7000円近辺

　AI市場の黎明期より、AIの導入をワンストップで支援する
「AIソリューション事業」に取り組んできた。AIをどの業務に、
どのように活用すればよいか提案、複雑なＡＩの導入プロセスや、
多くの技術課題をワンストップでスピーディーに解決し、ＡＩの
普及を推進している。

東証グロース ｜ 4011

株価は2023年5月中旬現在

週足

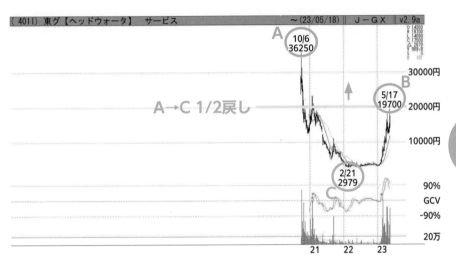

A→C 1/2戻し

スガシタの眼・チャートの分析

日足

Dから À へ1万5180円の上昇。その後、4月26日の安値 C の1万2260円で底入れ、反騰開始。

週足

高値 À の36250円から下落。Cで底入れして反転上昇。半値戻しの2万円近辺が壁。

ラキール

日足

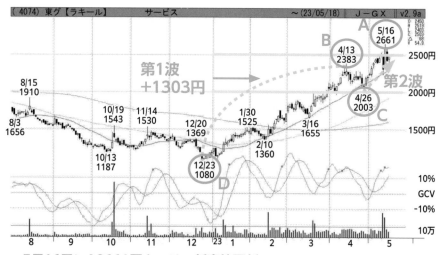

〔 4074〕東グ【ラキール】　　サービス　　　　　　　　　　～(23/05/18) ‖ J-GX ‖ v2.9a

A 5/16 2661

B 4/13 2383

第1波 +1303円

第2波

4/26 2003

C

8/15 1910

8/3 1656

10/19 1543

11/14 1530

12/20 1369

1/30 1525

3/16 1655

2500円

2000円

1500円

10/13 1187

12/23 1080

D

2/10 1360

10% GCV -10%

10万

8　　9　　10　　11　　12　'23　1　　2　　3　　4　　5

5月16日にA2661円をつけて新高値更新
その後押し目
2000～2500円のゾーン
床(フロア)2000円　壁2500円
上昇第2波目標値3300円近辺

　企業のDX（デジタルトランスフォーメーション）を支援する
プロダクトサービス、プロフェッショナルサービスを提供。企業
のデジタル化を支援。深刻化する労働力不足問題解決で、この企
業の提供する製品サービスのニーズは年々高まっている。ユーザ
ー企業のDX支援とともに、自社のDXも強く推進されている。

東証グロース │ 4074

株価は2023年5月中旬現在

週足

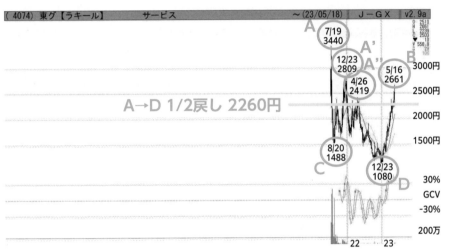

（4074）東グ【ラキール】　　サービス　　　　　　　　　　〜（23/05/18）│ J－GX │ v2.9a

A　7/19 3440
A'
12/23 2809　A''
4/26 2419
5/16 2661　B
3000円
2500円

A→D 1/2戻し 2260円
2000円
1500円

8/20 1488
C
12/23 1080
D
30%
GCV
-30%
200万

22　23

第4章

スガシタの眼・チャートの分析

日足

DからBへプラス1303円の第1波後、押し目入れてC。その後、Cから上昇第2波へ。

週足

Aの3440円からD1080円までマイナス2360円。C、Dでダブルボトムで上昇。2分の1戻しは2260円近辺。

Appier Group

A、A'ダブルトップで天井形成
A→D半値戻し近辺の
B1738円が当面の壁

　AI（人工知能）を使ってビジネスの意思決定をサポートする
SaaS（クラウドサービス）企業。2012年創業。アジア太平洋地
域、アメリカからヨーロッパまで世界17ヵ所に拠点を置き、
1400社以上がデジタルマーケティングでAIによるDXに着手、
日々約300億件の予測の処理を支援しているという。

東証プライム　│　4180

株価は 2023 年 5 月中旬現在

週足

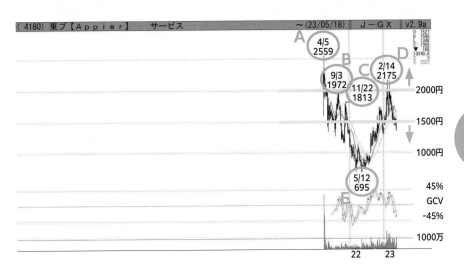

第4章

スガシタの眼・チャートの分析

日足

A、A'でダブルトップそつけ、その後、急落。1000 ~ 1500 円のゾーンに落下。

週足

A の 2559 円から E の 695 円まで下落してマイナス 1864 円。A から E の半値戻し 1627 円近辺を突破。1500 ~ 2000 円のゾーンに突入。

サスメド

日足

(4263) 東グ【サスメド】　　サービス　　　　　　　　〜(23/05/18)　J－GX　v2.9a

12/29 2500 A

12/12 2017 B

C 2000円
5/18 1600

4/11 1410

9/13 1249

3/29 1193 H

2/24 980 D

9/28 892 G

12/27 1030

1500円

1000円

6/20 688 E F

45%
GCV
-45%

200万

12 22 1 2 3 4 5 6 7 8 9 10 11 12 23 1 2 3 4 5

1000〜1500円のボックス相場の壁
1500円を突破して
1500〜2000円のゾーンに入るか!?

　治療用のスマートフォンアプリの開発、その共同開発プラット
フォームの提供や、ブロックチェーンを活用した臨床試験システ
ムの開発・販売、統計解析・機械学習による医療データ解析及び
コンサルティングサービスの提供など手掛けている。医薬品開発
の効率化の推進に貢献。

東証グロース　｜　4263

株価は2023年5月中旬現在

週足

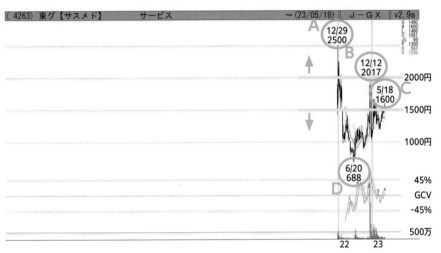

（ 4263）東グ【サスメド】　　サービス　　　　　～(23/05/18)　Ｊ－ＧＸ　v2.9a

A 12/29 2500
B 12/12 2017
C 5/18 1600
D 6/20 688

2000円
1500円
1000円
45%
GCV
-45%
500万

22　　23

第4章

スガシタの眼・チャートの分析

日足

E、F、G、Hと下値切り上げ型の上昇トレンド。

週足

A2500円からD688円まで－1812円。半値戻し1594円近辺の1500円に下値支持線。2000円に上値抵抗線。

セーフィー

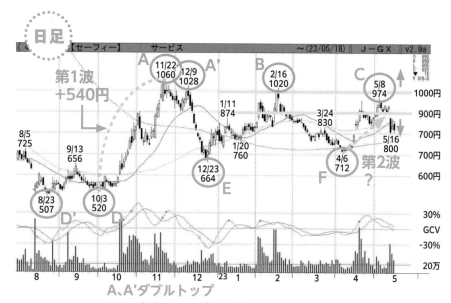

【セーフィー】 サービス 〜(23/05/18) J-GX v2.9a

日足

第1波
+540円

8/5
725

9/13
656

8/23
507

10/3
520

D'

D

A
11/22
1060

12/9
1028

A'

B
2/16
1020

C
5/8
974

1/11
874

3/24
830

5/16
800

1/20
760

12/23
664

E

4/6
712

F

第2波
?

1000円
900円
700円
700円
600円

30%
GCV
-30%
20万

8 9 10 11 12 '23 1 2 3 4 5

A、A'ダブルトップ
A、Bダブルトップで反落、600〜700円のゾーンに落下
E、Fダブルボトム底入れから上昇開始
900〜1000円のゾーンに突入
上昇第2波あるなら目標値1250円近辺

　クラウド録画型映像プラットフォーム「Safie」の開発・運営、
関連サービスの提供を手掛けている。山登りや海に行く時、天候
を映像で確認したり、建設現場の進捗報告や安全管理を施主が映
像で確認できる映像サービスなどを提供。「映像から未来をつく
る」ビジョンのもと、映像プラットフォームの先駆的企業になっ
ている。

東証グロース ｜ 4375

株価は2023年5月中旬現在

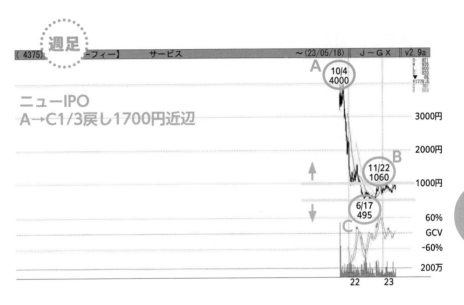

週足

（ 4375 ）　ーフィー】　　　サービス　　　　　　～（23/05/18）　J-GX　v2.9a

ニューIPO
A→C1/3戻し1700円近辺

A
10/4
4000

B
11/22
1060

6/17
495

C

3000円

2000円

1000円

60%

GCV

-60%

200万

22　　　23

スガシタの眼・チャートの分析

日足

D、E、Fと下値は徐々に切り上がっている。E、FでダブルボトムならFから上昇第二波となるか。目指すはF712円プラス第一波の上げ幅540円を足した1252円近辺か。

週足

Aの4000円から暴落。Cの495円までマイナス3505円。500～1000円ボックスを上に行くか、下に行くか。

189

AI CROSS

E、F、Gトリプルボトム底入れから上昇開始
1000〜1500円のゾーン
床(フロア)1000円　壁1500円
1500円に上値抵抗線

　ビジネスコミュニケーションプラットフォームを革新する会社
として2015年に創業。「働き方改革」による生産性の向上、自由
な働き方などに対してAIテクノロジーを導入。抽象化の実現や
膨大なデータの自動学習機能をビジネスに活かしていくサービス
を提供している。

東証グロース　│　4476

株価は2023年5月中旬現在

スガシタの眼・チャートの分析

日足

E、F、G で底値圏形成後、上昇するも D の1485円、H の1200円。1500円の壁を越えられず押し目。

週足

A の2728円から E の922円まで下落も、その後半値戻し1825円超えの B2369円でダブルトップ。その後急落。D750円での底入れから反転。

サイバーセキュリティクラウド

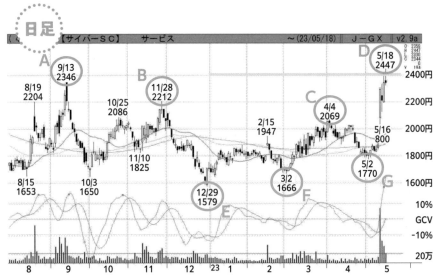

（日足）【サイバーＳＣ】 サービス 〜(23/05/18) J－GX v2.9a

A、Bダブルトップで天井形成、その後急落
E、F、Gトリプルボトム底入れから上昇開始、上にマドをあけて急騰
5月18日にD2447円をつけて新高値更新
2200〜2400円のゾーン
床(フロア)2200円、壁2400円、2400円に上値抵抗線

　　企業はPC端末の監視やウイルス対策など「社内向けセキュリ
ティ」は万全でも、WEBサイトのセキュリティはまだ不十分。
サイバー攻撃リスクにさらされ、サービスの停止、情報漏洩、損
害賠償など被害が発生するが、高いWEBセキュリティサービス
を開発し提供しているのがこの会社。

東証グロース　｜　4493

株価は令和5年00月00日現在

ニューIPO
A→C1/3戻し4500円近辺

第4章

スガシタの眼・チャートの分析

日足	週足
2200 ～ 2400 円のゾーンから 2400 ～ 2600 円のゾーンに入るか !?	A から B へ暴落。約2年間の調整期間をおいて C の 1102 円でダブルボトム。二番底入れで反騰開始。

ロート製薬

日足

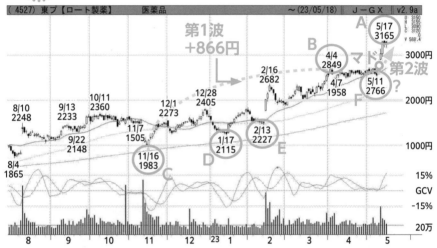

(4527) 東プ【ロート製薬】　医薬品　　～(23/05/18)　J-GX　v2.9a

第1波
+866円

A　5/17
3165

B

4/4
2849

マド

& 第2波
?

4/7
1958

5/11
2766

F

2/16
2682

12/28
2405

12/1
2273

10/11
2360

8/10
2248

9/13
2233

9/22
2148

11/7
1505

1/17
2115

2/13
2227

E

8/4
1865

11/16
1983

C

D

3000円

3000円
2000円
1000円

15%
GCV
-15%
20万

8　9　10　11　12　'23　1　2　3　4　5

上値遊びを上にマドをあけて放れて上昇第2波へ
2500〜3000円のゾーンから
3000〜3500円のゾーンに突入
上昇第2波あるなら目標値3600円近辺

　創業124年目を迎えた老舗。胃腸薬、目薬、外皮用薬のメンソ
レータムで有名。現在のコア事業は一般用医薬品とスキンケア事
業。第3の柱として機能性食品事業の成長を図っている。医療用
眼科、再生医療、開発製造受託も事業拡大領域。売上高の6割以
上がスキンケア関連品、4割近くを海外売上が占めている。

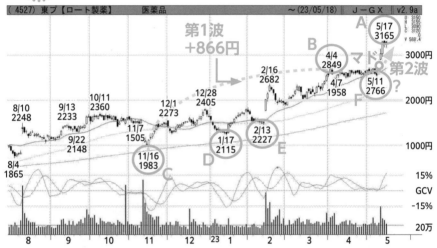

東証プライム　｜　**4527**

株価は 2023 年 5 月中旬現在

週足

第4章

スガシタの眼・チャートの分析

日足

C、D、E でトリプルボトム。底入れから上昇開始。5 月 17 日に A3165 円をつけて新高値更新。

週足

C、B ダブルボトム後に上昇開始。上にマドを空けて上昇。新高値 3165 円近辺で強い動き。

ユー・エス・エス

(4732) 東プ【USS】　　サービス　　　　　　　　　　　　～(23/05/18) ‖ J-GX ‖ v2.9a

A、Bダブルトップで天井形成
2200～2400円のゾーン
上か下か

　中古自動車のオークション運営を手掛けている。公正、公平な
中古車オークション運営のため、1台1台を検査する過程にデジ
タルを活用。目視だけでは十分に検知することの難しい瑕疵の可
視化を図っている。国内屈指のリサイクル工場を擁する子会社ア
ビヅは、廃自動車を適正に処理、プラスチックなどを高い精度で
分別・再資源化。

東証プライム　│　4732

株価は2023年5月中旬現在

週足

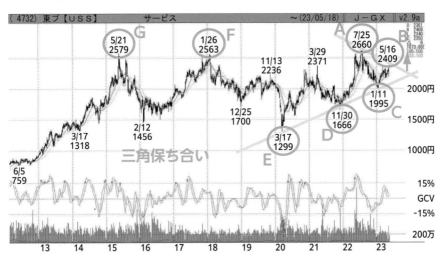

（4732）東プ【ＵＳＳ】　　　　サービス　　　　　　　　　～（23/05/18）　Ｊ－ＧＸ　v2.9a

スガシタの眼・チャートの分析

日足

A、Bダブルトップをつけて下落。C、D、Eで底値形成。A→Dの半値戻し2300～2400円近辺を突破できるか!?

週足

G、Fのダブルトップ後に下落、調整を経てE、D、Cと下値を切り上げ三角保ち合い。B2409円をつけて、上値抵抗線を突破しそうな動き。

セルソース

A、Bダブルトップで天井形成
その後急落
2000〜3000円のゾーンで底値模索続くか

　再生医療関連事業の企業。厚生労働省の許可を得て医療機関、研究機関と連携、誰もが利用できる最先端のプラットフォームをつくる。医療機関より預った患者の脂肪組織から、脂肪由来幹細胞を抽出、培養する加工受託サービスなども手掛ける。

東証グロース ｜ 4880

株価は 2023 年 5 月中旬現在

週足

（ 4880）東グ【セルソース】　医薬品　　　　　　　～(23/05/18)　J－GX　v2.9a

ニューIPO

- 12/9 8160 A
- 9/1 5340 A'
- 12/1 5230 A"
- 3/22 2364 B
- 5/2 2455 C
- 10/29 611

6000円 / 4000円 / 2000円

60% / GCV / -60% / 500万

20　21　22　23

第４章

スガシタの眼・チャートの分析

日足

E、C、Dでトリプルトップ後、下落。F2364円とG2455円はダブルボトム形成ならば上昇気配。あるいは底値模索がまだ続くか。

週足

10月29日611円からA8160円まで暴騰。半値以下に下がったB、Cもダブルボトムで反転、上値抵抗線5000円台を目指すか。

出光興産

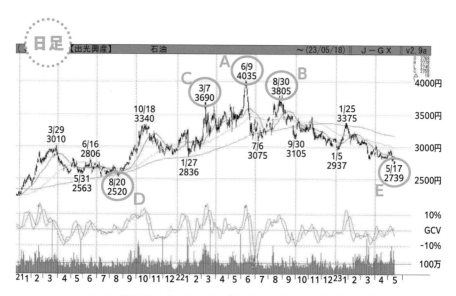

A、B、Cできれいなトリプルトップをつけ天井形成
5月17日の安値E2739円で
ほぼ上昇相場の出発点D2520円に接近
D、Eダブルボトムで底入れなるか
当分底値形成期となれば「株価のお里帰り」というパターン

　燃料油、基礎化学品、高機能材、電力・再生可能エネルギー、資源が主要な事業セグメント。燃料油と資源、石油・ガスが原料の基礎化学品や電力など、大部分の事業が化石燃料に関連。総資産の約7割を占める。創業100年を超える業界リーダーとして、化石燃料依存の事業構造をいかに変えるか、重要なビジョンと道筋を策定した。

東証プライム　│　5019

株価は2023年5月中旬現在

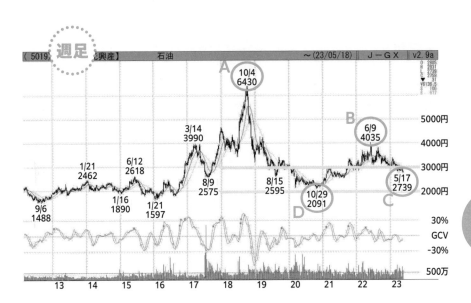

(5019)｜　　興産▶　　　石油　　　　　　　　　　　～(23/05/18)　J－GX　v2.9a

週足

A
10/4
6430

B
6/9
4035

3/14
3990

1/21
2462

6/12
2618

8/9
2575

8/15
2595

5/17
2739

C

9/6
1488

1/16
1890

1/21
1597

10/29
2091

D

5000円
4000円
3000円
2000円

30%
GCV
-30%

500万

13　14　15　16　17　18　19　20　21　22　23

第4章

スガシタの眼・チャートの分析

日足

上昇トレンドの出発点D2520円近辺に約2年かけて接近。底値圏形成後の上昇に期待。

週足

A6430円の高値から暴落、Dの2091円で底入れ。D、Cダブルボトムで反転上昇となるか。

アイズ

日足

（5242）東グ【アイズ】　サービス　〜(23/05/18)　J－G X　v2.9a

ニューIPO銘柄

A 12/21 5250
B 1/19 4440
C 3/27 3740
D 5/8 3495
2/16 3065
3/16 3105
12/28 2913
4/28 2818
F
E

5000円
4500円
4000円
3500円
3000円

30%
GCV
-30%
50万

12　'23　1　2　3　4　5

3000〜3500円のボックス相場
2022年12月21日が天井
約半年（数ヵ月）の日柄なら
2023年6月頃が転機
12〜13ヵ月の日柄なら
2023年12月頃が転機

　広告業界のプラットフォーム「メディアレーダー」、クチコミ
マーケティングのプラットフォーム「トラミー」などのマッチン
グプラットフォーム事業を展開。「トラミー」は、SNSを利用す
る20〜40代の一般女性を中心に約12万人（2022年7月時点）
の会員を保有。クチコミ・レビューを公開するサービスが大好評。

東証グロース　｜　5242

株価は2023年5月中旬現在

週足

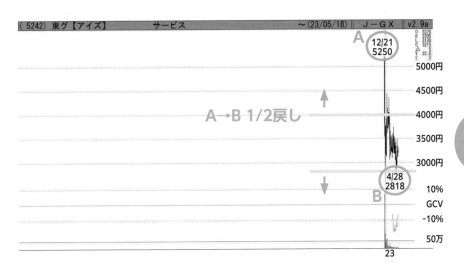

（5242）東グ【アイズ】　　　サービス　　　～（23/05/18）　J−GX　v2.9a

A 12/21 5250

A→B 1/2戻し

4/28 2818

B

5000円
4500円
4000円
3500円
3000円
10%
GCV
-10%
50万

23

第4章

スガシタの眼・チャートの分析

日足

A、B、C、Dと高値が切り下がる下降トレンドも、半年経過して反転するか。F2913円、E2818円でダブルボトムならば反転上昇も。

週足

A5250円からB2818円まで−2432円の下落。半値戻し4034円近辺まで戻れるか。3000円～4000円のゾーン。

Arent
アレント

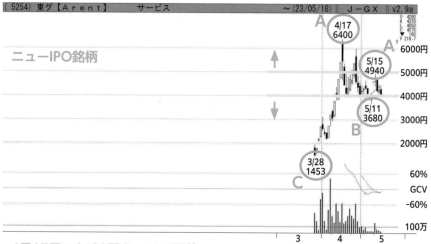

（5254）東グ【Arent】　サービス　　　　　　　　　～（23/05/18）‖ J－GX ‖ v2.9a

ニューIPO銘柄

A　4/17 6400
A'　5/15 4940
B　5/11 3680
C　3/28 1453

6000円
5000円
4000円
3000円
2000円

60%
GCV
-60%
100万

3　　　4　　　5

4月17日に6400円をつけて天井
その後反落
4000～5000円のゾーン
床（フロア）4000円　壁5000円
上か下か

　建設業界のDX化を手掛けている会社。「Lightning BIM 自動
配筋」は構造解析、構造図作成、納まり検討、施工図・加工帳作
成などで、時間と手間がかかる配筋業務を楽にするためのソフト
ウェア。日本で2番目に大きい市場建設業界で、業界の課題を解
決するデジタルシステムを自社及び共創で開発している。

東証グロース ｜ 5254

株価は2023年5月中旬現在

（5254）東グ【Ａｒｅｎｔ】　サービス　　　　　　　　〜（23/05/18）｜ Ｊ－ＧＸ ｜v2.9a

A 4/17 6400

5000円

A→B 1/2押し近辺　　　　　　　　　　4000円

5/11 3680 C

3000円

2000円

3/28 1453

B

10%

GCV

-10%

500万

第4章

スガシタの眼・チャートの分析

日足

C1453円からA6400円へ4947円上昇。半値押しは3926円近辺。5月11日の安値B3680円で底入れ反騰開始、4000〜5000円のゾーンに突入。5000円の壁を突破して5000〜6000円のゾーンに入るか。

週足

B1453円からA6400円へ大幅高。半値戻し近辺のC3680円で底入れ。A→C半値戻し、攻防の分岐点。5040円近辺の当面の壁を突破なるか⁉

日本製鉄

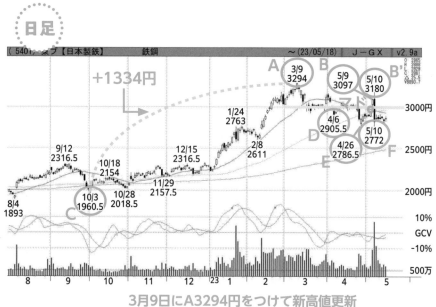

(540 ... プ【日本製鉄】　　　鉄鋼　　　　　　　　　　　～(23/05/18)‖ J－GX ‖ v2.9a

+1334円

A 3/9 3294
B 5/9 3097
B' 5/10 3180
1/24 2763
2/8 2611
4/6 2905.5
D
E 4/26 2786.5
5/10 2772
F
9/12 2316.5
10/18 2154
12/15 2316.5
11/29 2157.5
10/3 1960.5
10/28 2018.5
C
8/4 1893

3000円
2500円
2000円

10%
GCV
-10%
500万

8　9　10　11　12　'23　1　2　3　4　5

3月9日にA3294円をつけて新高値更新
その後押し目
2500～3000円のゾーンに落下
床（フロア）2500円　壁3000円
3000円に上値抵抗線

　日本最大手、世界でもトップクラスの鉄鋼メーカー。連結事業利益１兆円へ向けて、環境に左右されることなく、6000億円レベルの利益を着実に確保できる事業構造の確立を目指す。海外事業の収益は、原料高を背景に原料権益も拡大、海外事業との合算で、本体国内製鉄事業を上回る利益となっている。

東証プライム　5401

株価は2023年5月中旬現在

週足

(5401) 東　　日本製鉄】　　　　鉄鋼　　　　　　　　　～(23/05/18)　　J－GX　　v2.9a

D 9/27 3590

C 6/3 3505

10/17 2433

2/12 1773.5

7/25 1430

B 1/9 3132

6/1 2323.5

4/23 798.1

G

A 3/9 3294

9/14 2381

5/10 2772

E

12/1 1690.5

F

3000円
2500円
2000円
1500円
1000円

45%
GCV
-45%
2000万

13　14　15　16　17　18　19　20　21　22　23

スガシタの眼・チャートの分析

日足

CからAへは＋1334円。A、BB'の
ダブルトップで押し目。3分の1押
しは2850円近辺。3月9日の高値（天
井）であるA3294円から6月9日
まで3ヵ月は日柄。

週足

G、F、Eと下値を切り上げて上昇。3
月9日高値のA3294円奪回を目指す
か。BからGの下落の半値戻し1965
円近辺を超えて、強い動き。

Ridge-i
リッジアイ

日足

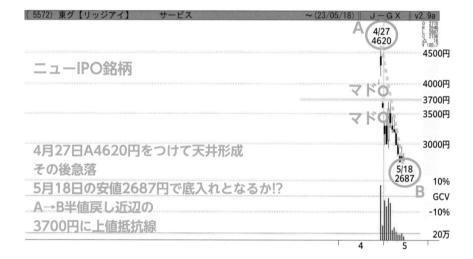

(5572) 東グ【リッジアイ】　　　サービス　　　　　　～(23/05/18)　J－GX　v2.9a

ニューIPO銘柄

A 4/27 4620

マド○
マド○

4500円
4000円
3700円
3500円
3000円

4月27日A4620円をつけて天井形成
その後急落
5月18日の安値2687円で底入れとなるか!?
A→B半値戻し近辺の
3700円に上値抵抗線

5/18 2687
B
10%
GCV
-10%
20万

4　　5

　　AI・ディープラーニング技術のコンサルティング、開発・共同事業や、人工衛星データを活用したAI解析ソリューションの提供などを手掛ける。人工衛星データとAI解析で、自然災害などの環境リスクを可視化し、社会に役立てるサービスを提供。人工衛星画像、衛星データのビジネス利用が注目の的。

東証グロース　｜　5572

株価は 2023 年 5 月中旬現在

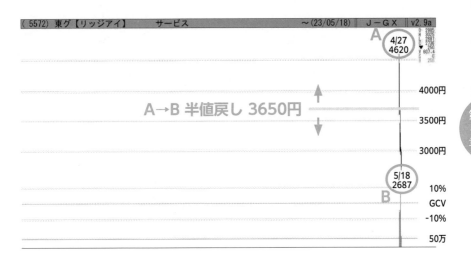

(5572) 東グ【リッジアイ】　　サービス　　　　　　～(23/05/18) ‖ Ｊ－ＧＸ ‖ v2.9a

A
4/27
4620

A→B 半値戻し 3650円

4000円

3500円

3000円

5/18
2687

B

10%

GCV

-10%

50万

スガシタの眼・チャートの分析

日足

A4620 円から B2687 円まで 1933 円
の下落。半値戻し 3650 円近辺の壁
を突破できるか。

週足

上場直後の高値 A4620 円から大幅下
落。しかし底入れすれば反騰も !?

ベクトル

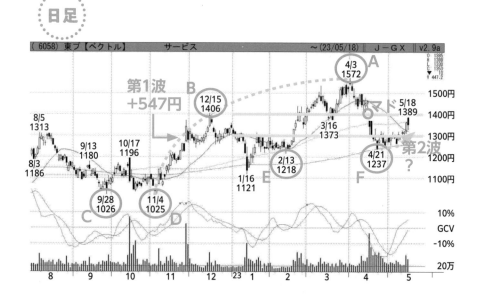

（6058）東プ【ベクトル】　　　サービス　　　　　　〜（23/05/18）　J−GX　v2.9a

O 1395
H 1389
L 1330
C 1353
▼ 447.2

第1波
+547円

8/5
1313

8/3
1186

9/13
1180

10/17
1196

B
12/15
1406

4/3
1572

A

マド
5/18
1389

3/16
1373

4/21
1237

第2波
?

9/28
1026

11/4
1025

C

D

1/16
1121

2/13
1218

E

F

1500円
1400円
1300円
1200円
1100円

10%
GCV
-10%
20万

1200〜1300円のゾーンから
1300〜1400円のゾーンに入るか!?
上昇第2波あるなら目標値1800円近辺

　PR業務代行、コンサルティング、ブランディング業務、IRコ
ミュニケーション、マーケティングリサーチ業務などを手掛ける。
商品やサービスを確実にターゲットに広めたい顧客に対して、情
報の整理・加工から、ターゲットに向けた配信までを一気通貫す
るビジネスモデルを構築。低コストでスピーディなサービスに定
評。

東証プライム | 6058

株価は2023年5月中旬現在

週足

(6058) 東プ【ベクトル】　　　サービス　　　　　　　　~(23/05/18)‖ J-GX ‖v2.9a

B 4/9 2692　9/28 2750　A

6/20 1972

1/14 1363

C 4/3 1572

11/9 1445

1/21 739

1/28 894　D

7/26 96

3/23 517　E

2500円
2000円
1500円
1000円
500円

45%
GCV
-45%
500万

13　14　15　16　17　18　19　20　21　22　23

第4章

スガシタの眼・チャートの分析

日足

DからAへ、約半年の上昇の第1波は+547円。その後マドを空けて下落。F1237円で底入れ。反騰開始。

週足

B、Aでダブルトップ。その後、定石通りの下落トレンド。AからEへの下落、半値戻しの1633円近辺が当面の壁。

メタリアル

日足

1000〜1500円の長いボックス相場の壁
1500円を突破して
1500〜2000円のゾーンに入るか

　自動翻訳による言語フリーサービス、専門のゴーグル機器をつけて旅をするオンラインツアーの生活VR（バーチャルリアリティー）サービスを手掛ける。医薬、化学、機械、IT、法務、金融といった約2000の専門分野を「最大95％＝プロ翻訳者に匹敵する正確さ」で行なう自動翻訳が好評。法人向け専門翻訳サービスは8000社と取引実績。

東証グロース ｜ 6182

株価は2023年5月中旬現在

週足

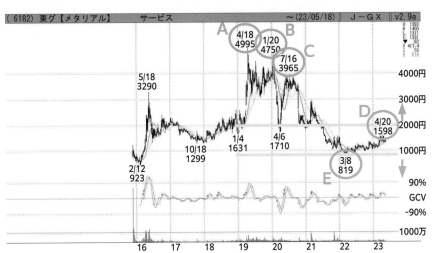

第4章

スガシタの眼・チャートの分析

日足

2年近いボックス相場が続く中、いよいよ上値抵抗線を越えるか。D、E、Fと下値は切り上がり。ボックスの壁1500円を突破すれば、「ラインの放れは大相場」の可能性も。

週足

A、B、Cとトリプルトップで天井。その後、大幅に下落。1000～2000円のゾーンに落下。底値形成から浮上をうかがう。

セガサミーホールディングス

2600〜2800円のゾーンから2800〜3000円のゾーンに突入
床(フロア)2800円　壁3000円
2800円に下値支持線
上昇第2波目標値3400円近辺

　総合エンタテインメント企業グループの持株会社で、グループの経営管理、附帯する業務を手掛ける。ゲームコンテンツからトイ、映像まで多種多様な遊びを提供する「エンタテインメントコンテンツ事業」、パチンコ、パチスロの開発から販売までを手掛ける「遊技機事業」、ホテルの開発・運営を行なう「リゾート事業」が軸。

東証プライム　　6460

株価は令和5年00月00日現在

第4章

スガシタの眼・チャートの分析

日足

CからBの上昇第1波は＋943円。F2425円から上昇第2波へ。5月17日に4月14日の高値を抜いて強い動き。

週足

G、F、Eと下値は切り上がって上昇。過去の高値B3015円を突破できるか。

三菱電機

日足

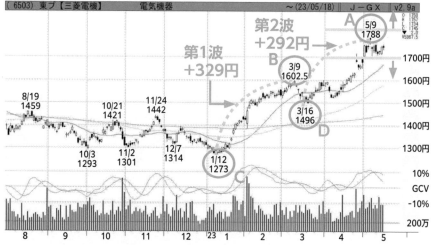

5月9日にA1788円をつけて新高値更新
その後押し目
1700〜1800円のゾーン　上か下か

　1921年創立以来、「ものづくり」を基盤として事業を継続。タービン発電機、大型映像表示装置、エレベーターから、無線通信機器、人工衛星、ネットワークセキュリティーシステム、あるいはパワーモジュール、高周波素子、光素子、液晶表示装置などあらゆる分野で世界トップレベルを走るメーカー。

東証プライム　｜　6503

株価は2023年5月中旬現在

週足

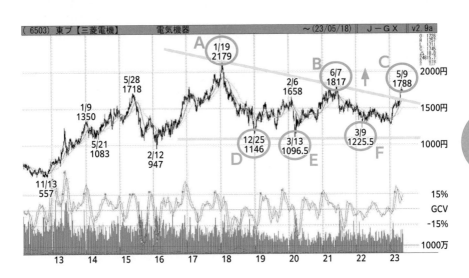

（6503）東ブ【三菱電機】　電気機器　〜（23/05/18）｜ Ｊ－ＧＸ　v2.9a

スガシタの眼・チャートの分析

日足

上昇第1波、第2波後に新高値更新。押し目の後、1700〜1800円ゾーンを上に出るか、下に出るか。上に出れば上昇第3波へ。

週足

A、Bの高値を結ぶトレンドライン（上値抵抗線）を突破か、三角保ち合いを上に放れれば強い上昇波動へ。

ソシオネクスト

(6526) 東ブ【ソシオネクスト】　電気機器　　　　　　　第3波　～(23/05/18)　J－GX　v2.9a

ニューIPO銘柄

第1波
+3490円

第2波
+3520円

第3波
+4550円

A

C
11/24
7180

B
2/8
8880

A′
3/20
10520

5/18
12690

12000円

5/1
10470

D

2/22
8140

4/5
8810

10000円

E

12/28
5360

F

8000円

10/12
3690

G

6000円

H

4000円

10%

GCV

-10%

200万

10　　11　　12　　23　　1　　2　　3　　4　　5

H→D下値切り上げ型の上昇トレンド
1万～1万2000円のゾーンから
1万2000～1万4000円のゾーンに突入
床(フロア)1万2000円　壁1万4000円
1万2000円に下値支持線

　パナソニックのシステムLSI（半導体素子）事業部と富士通の子会社が統合した企業で、SoC（システム・オン・チップ 集積回路製品）の設計、開発、販売を手掛けている。製品が複雑化し、オリジナルのSoCが求められる今、顧客の製品企画段階から関与。開発経験豊富なシリコンプロバイダーを目指す。

東証プライム ｜ 6526

株価は2023年5月中旬現在

週足

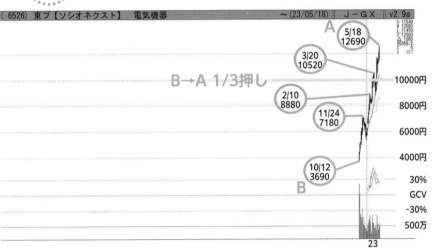

(6526) 東プ【ソシオネクスト】　電気機器　　　　　　　〜(23/05/18)　J－GX　v2.9a

A
5/18
12690

3/20
10520

B→A 1/3押し　　　　　　　　　　　10000円

2/10
8880　　　　　　　　8000円

11/24
7180　　　　　6000円

4000円

10/12
3690　　　　30%

B　　　　GCV

-30%

500万

23

スガシタの眼・チャートの分析

日足

H、G、F、E、Dと下値切り上がり上昇。
第1波＋3490円、第2波＋3520円、
第3波＋4550円。A12690円から
1万4000円の壁を目指す。

週足

B→A3分の1押し近辺の1万円に下
値支持線。5月18日にAの1万
2690円をつけて新高値更新。押し目
らしい押し目もなく、強い動き。

レーザーテック

日足

A、A'ダブルトップで天井形成
その後大幅下落
1万5000～2万円のゾーンに落下
D、E、Fトリプルボトム底入れから反騰開始か!?

　半導体関連装置、FPD（薄型映像表示装置）関連装置、レーザー顕微鏡の開発、製造、販売、サービスの企業。半導体向けの検査装置が主力事業。技術革新と成長が続く半導体の分野でさらなる事業成長に励む。付加価値の高いオンリーワン製品、ソリューションをグローバルに提供するマルチニッチトップ企業を目指す。

東証プライム | 6920

株価は2023年5月中旬現在

週足

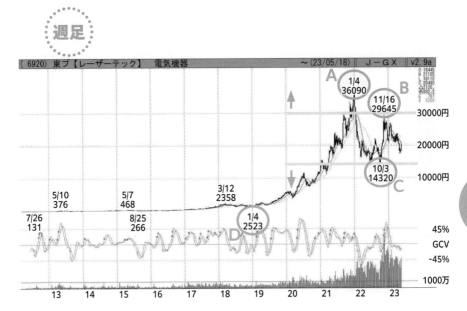

(6920) 東プ【レーザーテック】 電気機器　　　　～(23/05/18)　J－GX　v2.9a

スガシタの眼・チャートの分析

日足

D、E、F、Gと底値圏形成。ボックスの壁2万円を突破して2〜2万5000円のゾーンに入るか。

週足

DからAへ＋3万3567円。A、Bダブルトップで押し目。D→A半値押し近辺の2万円から11月16日高値3万円近辺のゾーン。

第4章

三菱重工業

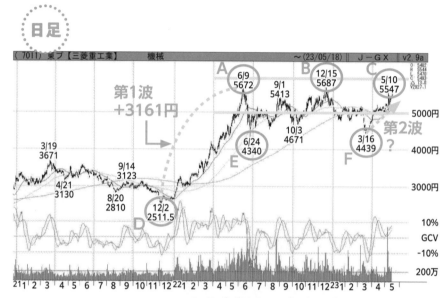

(7011) 東プ【三菱重工業】　　機械　　　　　　　　　　　　　　〜(23/05/18)　J－GX　v2.9a

日足

第1波
+3161円

A 6/9 5672
B 12/15 5687
C 5/10 5547
9/1 5413
10/3 4671
E 6/24 4340
F 3/16 4439
第2波
?
5000円
4000円
3000円
3/19 3671
4/21 3130
9/14 3123
8/20 2810
D 12/2 2511.5

10%
GCV
-10%
200万

A、Bダブルトップで押し目
4000〜5000円のゾーンに落下
E、Fダブルボトム底入れから反騰開始
5000〜6000円のゾーンに突入
上昇第2波あるなら目標値7600円近辺

　強固な事業基盤をベースに、グローバル・グループ経営をさら
に進化、企業体格で事業規模、資産、時価総額の比率が1：1：1
となるバランスのとれた状態を目指す。エナジー、プラント・イ
ンフラ、物流・冷熱・ドライブシステム、航空・防衛・宇宙など、
国家の基幹産業に貢献する世界トップクラス企業。

東証プライム　｜　7011

株価は2023年5月中旬現在

週足

(7011) 東プ【三菱重工業】　　　機械　　　　　　　　　　～(23/05/18)　　J－GX　　v2.9a

第4章

スガシタの眼・チャートの分析

日足

A、B ダブルトップ後、押し目。E、F でダブルボトム形成。上昇第1波 + 3161円の後、F4439円から上昇第2波を狙う。

週足

G、F ダブルボトム後、上昇。直近高値 5714円 を目指して A5687円。E4439円から再び上へ行くか。

みずほフィナンシャルグループ

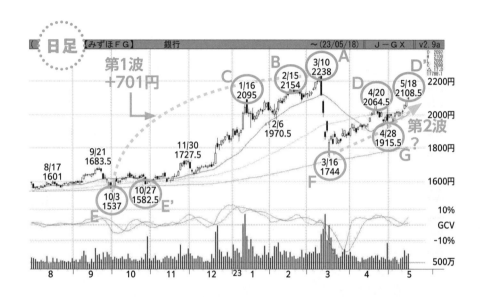

【みずほFG】　銀行　　　　　　　　　　　　〜(23/05/18)　J−GX　v2.9a

第1波
+701円

A、B、Cトリプルトップで天井形成　その後急落
3月16日の安値F1744円で底入れから反騰開始
2000〜2200円のゾーン
床（フロア）2000円　壁2200円
上昇第2波あるなら目標値　2400〜2500円近辺

　コロナ禍でも2022年度の業績はカンパニー制発足以来の最高益となった顧客部門が牽引、堅調な業績をあげている。5ヵ年経営計画で掲げた2023年度連結業務純益9000億円達成も見えてきた状況。親会社株主純利益は年度計画5400億円を超過。

東証プライム ｜ 8411

株価は令和5年00月00日現在

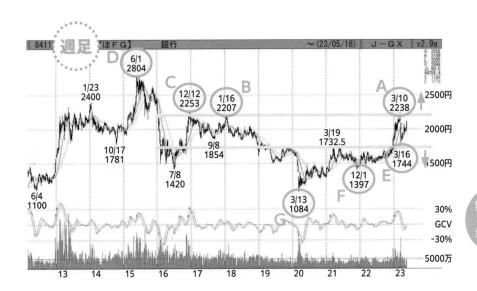

スガシタの眼・チャートの分析

日足

上昇第1波は＋701円。
Fの1744円から上昇第2波があるか。

週足

G、F、Eと下値切り上げ、C、B、A
と上値はそれぞれ2200円ライン近
辺。3月16日の安値E1744円に下値
支持線。3月10日の高値A2238円
に上値抵抗線。上か、下か。

AZ-COM丸和ホールディングス

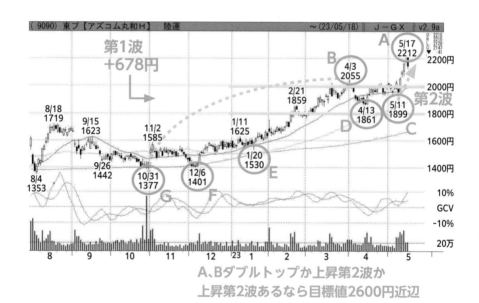

A、Bダブルトップか上昇第2波か
上昇第2波あるなら目標値2600円近辺

　物流センター業務がコア。小売業を中心としたEC物流、低温食品物流、医薬・医療物流に特化し、事業展開を図っている。同業の運送業者仲間と、全国の災害物流網「AZ-COM BCP ネットワーク」を構築。全国広域での災害時の物流支援と備蓄サービスを提供する、輸送インフラの構築を行っている。

東証プライム | 9090

株価は令和5年00月00日現在

週足

スガシタの眼・チャートの分析

日足

GからBへ上昇第1波は＋678円。B2055円から3分の1押し1829円近辺のD、Cダブルボトムで底入れ。ここから上昇第2波へ。

週足

C、D、Eと下値切り上げ型で三角保ち合い。A、Bを結ぶトレンドライン(上値抵抗線)を突破するか。

日本郵船

A、B、Cトリプルトップで天井形成
3000〜4000円のゾーン　上か下か
E、F、Gと下値が切り上がってきているが…

　定期船事業、航空運送事業、物流事業、不定期専用船事業、その他事業（不動産業など）。貿易量の99％以上を担う海運で、1885年の創業以来、総合物流企業としてグローバルに活動の幅を広げてきた。海運業としてどのように脱炭素を目指すか、地球規模の社会課題の解決にも積極的に挑戦している。

東証プライム　｜　9101

株価は2023年5月中旬現在

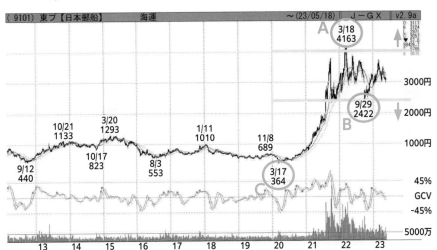

（9101）東プ【日本郵船】　　海運　　　　　　　　　～(23/05/18) ‖ J-GX ‖ v2.9a

A　3/18　4163

3000円

9/29　2422

2000円

10/21　1133
3/20　1293
1/11　1010
11/8　689
1000円

9/12　440
10/17　823
8/3　553
B

3/17　364
C
45%
GCV
-45%

5000万

13　14　15　16　17　18　19　20　21　22　23

スガシタの眼・チャートの分析

日足

3000～4000円の中段保ち合い続く。'22年3月18日の高値（天井）A4163円から、1年以上の日柄調整。9月中間決算までには動き出す!?

週足

長いボックス相場ののち、3年前の2020年3月17日の底値364円から暴騰。それから2年後の3月18日にA4163円をつけて当面の天井。軽々とテンバガー（10倍株）達成。

商船三井

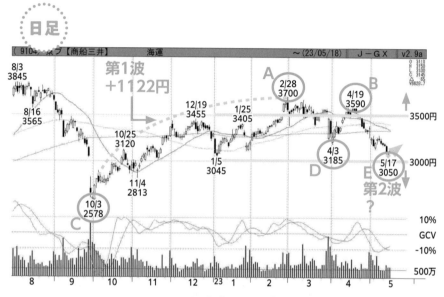

【910・・・プ【商船三井】　海運　　　　　　　～(23/05/18)　J－GX　v2.9a

8/3
3845

8/16
3565

第1波
+1122円

12/19
3455

10/25
3120

1/25
3405

A
2/28
3700

B
4/19
3590

1/5
3045

4/3
3185

5/17
3050

3500円

3000円

11/4
2813

D

E
第2波
?

10/3
2578

C

10%
GCV
-10%
500万

8　　9　　10　　11　　12　'23　1　　2　　3　　4　　5

A、Bダブルトップで天井形成して反落
3000～3500円のゾーン、上か下か
D、Eダブルボトムで底入れとなるか
上昇第2波あるなら目標値4200円近辺

　世界最大規模の船隊を擁し、多様な貨物輸送に対応した汎用ば
ら積み船や、特定貨物で積み地や揚げ地に対応し設計・建造され
た各種専用船により、世界の顧客ニーズに応えている。鉄鉱石、
石炭、肥料、穀物、セメント、塩、鋼材など供給のほとんどを輸
入に頼っている日本への輸送でも、重責を果たしている。

東証プライム | 9104

株価は2023年5月中旬現在

週足

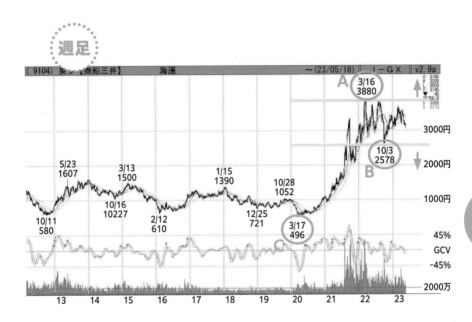

（9104）東〜（商船三井） 海運 〜（23/05/18） J-GX v2.9a

A 3/16 3880

3000円

B 10/3 2578

2000円

5/23 1607

3/13 1500

1/15 1390

10/28 1052

1000円

10/11 580

10/16 10227

2/12 610

12/25 721

3/17 496

45%

GCV

-45%

2000万

13 14 15 16 17 18 19 20 21 22 23

スガシタの眼・チャートの分析

日足

D、Eでダブルボトム形成ならば、反転、上昇、第2波か。上昇第1波は＋1122円。C→A半値押し近辺の3000円に下値支持線。

週足

CからAへ暴騰。10月3日の安値B2578円に下値支持線。

川崎汽船

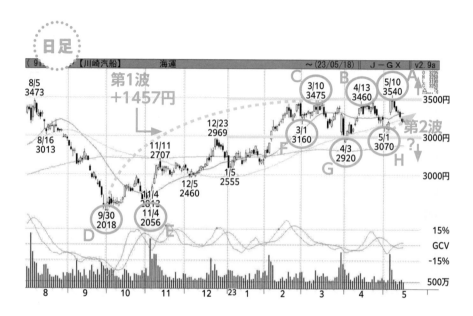

【川崎汽船】　海運　〜(23/05/18)　J-GX　v2.9a

第1波
+1457円

8/5
3473

8/16
3013

9/30
2018

D

11/4
2813
11/4
2056

E

11/11
2707

12/5
2460

1/5
2555

12/23
2969

3/1
3160

F

C
3/10
3475

B
4/13
3460

4/3
2920

G

5/10
3540

A

5/1
3070

H

第2波
?

3500円

3000円

3000円

15%
GCV
-15%

500万

8　9　10　11　12　'23　1　2　3　4　5

B、Cダブルトップを上抜いて5月10日にA3540円をつけて新高値更新
3000〜3500円のゾーン
床(フロア)3000円　壁3500円
3000円に下値支持線、3500円に上値抵抗線
上昇第2波目標値4500円近辺

　海上運送業、陸上運送業、航空運送業など、海陸空を通し運送業、港湾運送業など手掛ける。サプライチェーンの混乱、コンテナ船の運賃市況の高水準などで船隊規模を適正化、業績は大きく改善して、2021年度純利益は過去最高の6424億円。海運という社会インフラの一翼を担い、安定した物流に貢献している。

東証プライム ｜ 9107

株価は2023年5月中旬現在

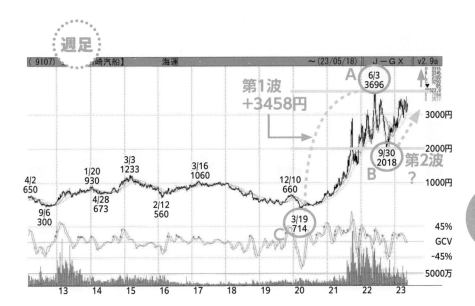

週足

(9107) [　　崎汽船】　　海運　　　　　　　　　　　　～(23/05/18)　Ｊ－ＧＸ　v2.9a

第1波
+3458円

A
6/3
3696

3000円

9/30
2018

2000円

第2波
？

B

1000円

4/2
650

1/20
930

3/3
1233

3/16
1060

12/10
660

9/6
300

4/28
673

2/12
560

3/19
714

C

45%
GCV
-45%

5000万

13　14　15　16　17　18　19　20　21　22　23

第４章

スガシタの眼・チャートの分析

日足

5月10日のA3540円は新高値更新。F、G、Hトリプルボトムの底入れから反騰開始となるか!?

週足

CからAへ2年半かけて高騰。B2018円まで下がるも再び3000円台を超す勢い。6月3日の高値（天井）A3696円奪回を目指すか。上昇第2波あるなら、目標値4500円近辺。

マイクロ波化学

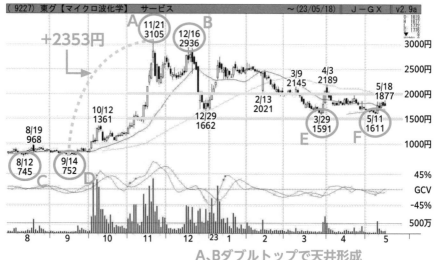

A、Bダブルトップで天井形成
1500〜2000円のゾーン
E、Fダブルボトムで底入れとなるか!?

　マイクロ波化学技術のプラットフォームを活用した研究開発、エンジニアリングまでのソリューションなどを提供している。独自のマイクロ波技術プラットフォームをつくりあげることに成功し、消費エネルギーは３分の１、加熱時間は10分の１、工場面積は５分の１に削減可能な驚くべき技術革新を実現させた。

東証グロース | 9227

株価は 2023 年 5 月中旬現在

週足

第4章

(9227) 東グ【マイクロ波化学】 サービス ～(23/05/18) J－GX v2.9a

A 11/21 3105

ニューIPO

B→A 1/2押し 1500～2000円のゾーン

2500円
2000円
1500円
1000円

6/24 539

B

90%
GCV
-90%
1000万

23

スガシタの眼・チャートの分析

日足

A、B のダブルトップ後の押し目も、直近下値 E、F ともに 1500 円台。ダブルボトムで底入れならば反転上昇へ。

週足

B から A へ約半年かけて上昇。押しは 1822 円近辺。1500 ～ 2000 円ゾーンから上に行くか、下に下がるか。

日本通信

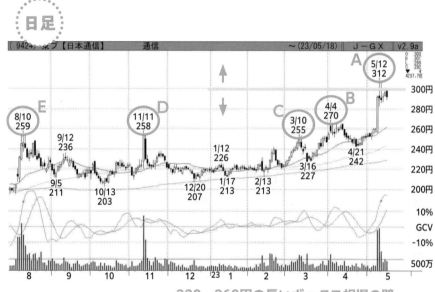

日足

| (9424 グループ【日本通信】 | 通信 | ~(23/05/18) | J－GX | v2.9a |

A 5/12 312

E 8/10 259

9/12 236

D 11/11 258

1/12 226

C 3/10 255

B 4/4 270

9/5 211

10/13 203

12/20 207

1/17 213

2/13 213

3/16 227

4/21 242

300円
280円
260円
240円
220円
200円

10%
GCV
-10%
500万

8　9　10　11　12　'23　1　2　3　4　5

220～260円の長いボックス相場の壁
260円を突破して急騰
280～300円のゾーン
床（フロア）280円　壁300円
300円に上値抵抗線　上か下か

　個人、法人顧客向けのモバイル通信サービスの提供、メーカー
や金融機関などのパートナーに対し、モバイル・ソリューション
などを提供。携帯事業者ができない、やりたくないサービスを提
供することをミッションに掲げて、各業界、産業の黒子に徹し、
情報（bit）を安全、安心に運ぶことにフォーカスしている。

東証プライム │ 9424

株価は2023年5月中旬現在

週足

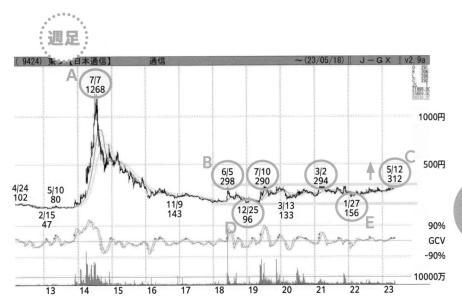

第４章

スガシタの眼・チャートの分析

日足

E、D、C、Bの上値ラインは260〜270円台。下値が切り上がって急騰。5月12日にA312円をつけて新高値更新。その後、反落。

週足

下値D、Eを結ぶライン、上値B、Cを結ぶラインの間でボックス。上か、下か。

日本電信電話（NTT）

日足

B、Cダブルトップを上抜いて5月15日にA4334円をつけて新高値更新
4000〜4500円のゾーンに突入
床（フロア）4000円　壁4500円
上昇第2波目標値4800円近辺

　携帯電話事業、国内電気通信事業の県間通信サービス、国際通信事業、ソリューション事業、システム開発事業などを手掛ける。製薬会社や研究機関が行う臨床試験の評価精度向上を実現するデータ収集サービスを2022年から提供。単なる通信企業の枠を越え、最先端デジタル技術を活用して医療発展にも貢献。

東証プライム ｜ 9432

株価は2023年５月中旬現在

週足

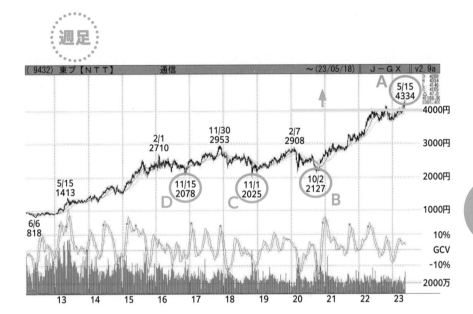

（ 9432） 東プ【ＮＴＴ】 　通信 ～（23/05/18） ｜ Ｊ－ＧＸ ｜ v2.9a

- 5/15 4334
- A
- 11/30 2953
- 2/7 2908
- 2/1 2710
- 5/15 1413
- 11/15 2078 D
- 11/1 2025 C
- 10/2 2127 B
- 6/6 818
- 4000円
- 3000円
- 2000円
- 1000円
- 10%
- GCV
- -10%
- 2000万
- 13 14 15 16 17 18 19 20 21 22 23

スガシタの眼・チャートの分析

日足

E、F ダブルボトムで底入れから上昇開始。第２波へ。

週足

B、C、D トリプルボトムで底入れから上昇開始。長期にわたる 2000～3000 円のボックス相場の壁 3000 円を突破して大幅高。５月 15 日に A4334 円をつけて新高値更新。

第４章

KDDI

ケイディーディーアイ

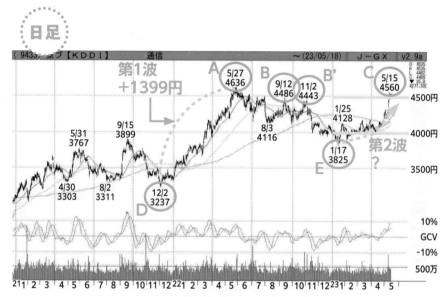

A、BB'ダブルトップで天井形成
3500〜4000円のゾーンから
4000〜4500円のゾーンに突入
床(フロア)4000円　壁4500円
上昇第2波あるなら目標値5200円近辺

　電気通信事業。本格化を迎える5Gセンターに、auなど通信事業の進化、通信を核としたDX、金融、エネルギー、LX（生活サービスの進化）、地域共創 など分野で拡大事業を目指す。5G通信の基盤であるエリア構築では、生活導線に沿ってのエリアを強化し、日本全国への拡大を目指している。

東証プライム | 9433

株価は2023年5月中旬現在

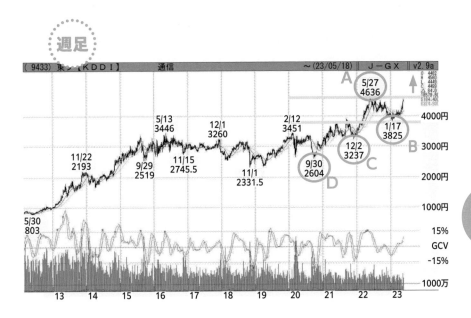

週足

(9433) 東シ【KDDI】　　　通信　　　　　　　　　～(23/05/18) ‖ J－GX ‖ v2.9a

A　5/27　4636

5/13　3446

12/1　3260

2/12　3451

1/17　3825　B

11/22　2193

9/29　2519

11/15　2745.5

12/2　3237　C

9/30　2604　D

11/1　2331.5

5/30　803

4000円
3000円
2000円
1000円
15%
GCV
-15%
1000万

13　14　15　16　17　18　19　20　21　22　23

第4章

スガシタの眼・チャートの分析

日足

A、Bダブルトップで押し目。D→A半値押し近辺の4000円に下値支持線。5月27日の高値近辺である4500円に上値抵抗線。4500円の壁を突破できるか。

週足

D、C、Bと下値が切り上がって上昇トレンド。5月27日の高値4636円を奪回するか。

241

おわりに

　本書を読まれた読者のみなさん、どんな感想を持たれたでしょうか。

　株式投資、資産形成の考え方やご自身の投資戦略に役立ちましたでしょうか。

　まだまだ不十分だと思われる方は、ぜひ私の無料ブログ「スガシタレポートオンライン」に登録していただいて、私からのメッセージをお受け取りください。

　本書で繰り返し述べてきたように、私は今後、日本の株価は上昇すると予想しています。また、日本という国の未来、株価の行方に楽観的です。なぜなら、先のワールドベースボールクラシック（WBC）でも、サムライブルーの活躍で日本の人々はもちろん、世界中がエキサイト（興奮）しました。二刀流の大谷翔平選手をはじめ、日本のプロ野球の選手たちが世界トップクラスだということを証明しました。野球の本場、米国大リーガーの一流選手たちのチームを打ち負かしたのです。

　野球選手だけではありません。建築家や音楽家などアーティストも世界トップクラスの人材が多数います。ノーベル賞受賞者もアジアでは断トツで欧米のトップと引けを取らない水準です。

　世間では、少子高齢化による人口減少、労働力不足などを憂慮して、日本経済に悲観的な見方が大勢を占めています。確かに

GDPは中国に越されて世界第3位に転落。1人当たりGDPも年々後退しています。日本政府の債務、借金も膨大になっています。

一方で、日本は今なお純債権国、しかも31年連続の純債権国なのです。

・世界中の国々にお金を貸している超リッチな国家
・個人金融資産1000兆円、2000兆円を有するリッチな国民
・インフラ（社会的基盤施設）は世界一といってもよいほどの水準

これが、日本という国家です。訪日観光客が口をそろえて日本の凄さに驚いています。いわく、新幹線や地下鉄の時刻が正確。公共も含めてトイレが世界一清潔。道路、空港、公共施設にほとんどゴミが見当たらない。小学生たちだけで登校している。地下鉄やバスに保護者がいない中で、幼い子供たちが通学している。

どれもこれも外国人の目には想像を絶する出来事として映っているのです。

おまけに日本の食べ物は安全で美味しい。教育制度もしっかりしている。数え上げればキリがないほど日本には優れた事柄が多い。

ただひとつ1990年代のバブル崩壊後の誤った政策で、「失われた30年」ともいわれるデフレ不況が到来。企業も個人も自信喪失していることが日本経済の成長を妨げ、個人の希望を失わせてきたのです。

そのデフレの長いトンネルを、2023年、ようやく抜けようと

しています。植田和男日銀新総裁のもと、物価目標2%、インフレターゲット2%の実現に向かって動き出している。

　いよいよ、デフレ、円高、株安の時代が終わって、適度な（2%）インフレ、円安、株高の時代がはじまろうとしているのです。

　資産インフレとDX、デジタル革命が今後の株式市場の2大テーマです。この本に掲載された50銘柄のチャートの中からみなさんの資産を2倍、3倍、いやテンバガー、10倍にするような銘柄をぜひ見つけていただきたいと願ってやみません。

　最後に、読者のみなさま方のご健康とご幸運、投資の成功をお祈り申し上げ、筆を置かせていただきます。

2023年5月、紀尾井町のホテルニューオータニ東京にて

菅下清廣

カバーデザイン　　藤井国敏
本文デザイン　　　小出正子
編集　　　　　　　松原健一（実務教育出版）
編集協力　　　　　編集社
　　　　　　　　　金成春鷹（マスターマインド）
　　　　　　　　　Office Yuki
DTP　　　　　　　キャップス

‖ 著者略歴 ‖

菅下清廣（すがした　きよひろ）

投資家、ストラテジスト（投資戦略家）、スガシタパートナーズ株式会社代表取締役社長、学校法人立命館顧問、近畿大学世界経済研究所客員教授。

ウォール街での経験を生かした独自の視点で相場を先読みし、日本と世界経済の未来を次々と言い当ててきた「富のスペシャリスト」として名を馳せ、「経済の千里眼」との異名も持つ。経験と人脈と知識に裏打ちされた首尾一貫した主張にファンも多く、政財界はじめ各界に多くの信奉者を持っている。著書に、ベストセラーとなっている『今こそ「お金」の教養を身につけなさい』（PHP研究所）、『2021年まで待ちなさい！』、『資産はこの「黄金株」で殖やしなさい！』シリーズ、『株とチャートでお金持ちになる！』、『コロナバブルの衝撃！』、『ジャパン・アズ・ナンバーワン　ふたたび』（以上実務教育出版）など多数がある。

メールマガジンも好評配信中（無料）
「スガシタレポートオンライン」は、
http://sugashita-partners.com/report/
から登録できます。

【2023-2024　資産はこの「黄金株（おうごんかぶ）」で殖（ふ）やしなさい！】
日本株大復活（にほんかぶだいふっかつ）
史上（しじょう）最大（さいだい）のインフレ大相場（おおそうば）がやって来（く）る

2023年7月10日　初版第1刷発行

著　者	菅下　清廣
発行者	小山　隆之
発行所	**株式会社実務教育出版**

163-8671 東京都新宿区新宿1-1-12
電話　03-3355-1812（編集）　03-3355-1951（販売）
振替　00160-0-78270

印刷・製本	図書印刷

©Kiyohiro Sugashita 2023 Printed in Japan
ISBN978-4-7889-0400-2 C0034

乱丁・落丁は本社にてお取り替えいたします。
本書の無断転載・無断複製（コピー）を禁じます。

菅下清廣の国内外の
マーケットの大局観、
株式投資で成功するため
の考え方などが学べる!

菅下清廣　無料メールマガジン
『スガシタレポートオンライン』

🎁 スペシャルプレゼント中 🎁

株式投資初級者の方のための
『菅下清廣　波動・サイクルの読み方・考え方　入門編』

▼ 詳 し く は 下 記 に ア ク セ ス ! ▼

https://sugashita-partners.com/report/

※購読は無料です。いつでも購読を解除できます。
※メールマガジンはスガシタパートナーズ（株）より配信します。